Manuela Paes

PSICOSSOMÁTICA

As formações do objeto *a*

Transmissão da Psicanálise
diretor: Marco Antonio Coutinho Jorge

J.-D. Nasio

PSICOSSOMÁTICA

As formações do objeto a

com intervenções de
Pierre Benoît e Jean Guir

Tradução:
Felipe Leclerq
em colaboração com
Miguel Kertzman

Jorge Zahar Editor
Rio de Janeiro

Direitos para esta edição contratados com:
Jorge Zahar Editor Ltda.
rua México 31 sobreloja
20031-144 Rio de Janeiro, RJ
tel.: (021) 240-0226 / fax: (021) 262-5123
e-mail: jze@zahar.com.br

Revisão de texto: Martha Barbosa e Denise Coutinho

Agradecimentos do tradutor a Solange Bastos

Composição eletrônica: TopTextos Edições Gráficas Ltda.

CIP-Brasil. Catalogação-na-fonte
Sindicato Nacional dos Editores de Livros, RJ.

Nasio, Juan-David
N211p Psicossomática: as formações do objeto *a* / J.-D. Nasio, com intervenções de Pierre Benoît e Jean Guir; tradução, Felipe Leclerq, em colaboração com Miguel Kertzman. – Rio de Janeiro: Jorge Zahar Ed., 1993
(Transmissão da psicanálise)

ISBN 85-7110-233-3

1. Psicanálise – Discursos, conferências etc. 2. Subconsciente – Discursos, conferências etc. I. Benoît, Pierre. II. Guir, Jean. III. Título. IV. Série.

CDD – 150.195
– 154.2
92-0354 CDU – 159.964.2

SUMÁRIO

Nota da Tradução 7

Seminário I
10 de janeiro de 1983 9

Seminário II
14 de fevereiro de 1983 25

Seminário III
28 de fevereiro de 1983 43

Seminário IV
13 de março de 1983 59

Seminário V
18 de abril de 1983 72

Seminário VI
16 de maio de 1983 92

Seminário VII
13 de junho de 1983 104

Seminário VIII
27 de junho de 1983 119

NOTA DA TRADUÇÃO

É do ofício do psicanalista produzir cortes com o instrumento que dispõe, a interpretação. Rara e fugaz, é de imediato seguida pela costura, pela costura significante.

É nessa dialética de corte e costura que se tece o nosso ofício.

Manter essa mesma tessitura na nossa prática teórica é privilégio dos poucos que verdadeiramente fazem a psicanálise avançar. Desde o corte inaugural, epistemológico, circuncidante se quiserem, dado por Freud, a psicanálise se debate entre ser oficial, burocrática, institucional ou ser a bruxa, a surpresa, o que desconcerta, o que arrisca e ousa, a que produz *sempre um novo* saber.

O trabalho de Juan-David Nasio se inscreve neste domínio da bruxa, do que arrisca e ousa teorizar o produto do corte e costura — o objeto, o objeto *a*.

As formações do objeto *a*, assim denominadas por Nasio, ampliam o campo inaugurado pelas formações do inconsciente e estes seminários são o momento mesmo de sua formulação, diríamos, em ato.

Tentar conservar intacto esse momento criativo do autor numa tradução redobra as dificuldades de um texto originalmente falado. Tentamos, ao máximo, preservar o estilo de Nasio e de seus dois convidados, o que provavelmente pode ter produzido incorreções idiomáticas formais entre outras falhas, das quais o autor deve ser isentado, uma vez que não revisou o texto final por impossibilidade de tempo, autorizando, assim mesmo, a sua publicação.

MIGUEL KERTZMAN

SEMINÁRIO I

10 de janeiro de 1983

Escolhi o tema da realidade e do Real como uma maneira de nos introduzir este ano à questão que já começamos a recortar, ano passado, sobre a formação do objeto *a*. Eu lembro o que dissemos até agora a respeito dessas formações do objeto *a*: são aquelas formações psíquicas às quais as leis significantes da sucessão e da substituição não se aplicam; eu diria que são formações psíquicas nas quais não vemos as mesmas leis significantes que poderiam ser aplicadas para as formações do inconsciente. No ano passado, tentamos ver se é o mecanismo da foraclusão que poderia então dar conta da lógica daquelas formações, quer dizer, da maneira como elas se constituem. Assim foi que abordei a questão da alucinação e que mencionei o caso do sintoma psicossomático.

Mas por que o tema da realidade? Porque eu parto do pressuposto — que exponho agora e que precisarei confirmar ou infirmar, e este será o trabalho que farei diante de vocês, com vocês — de que cada uma daquelas formações que chamo de objeto *a*, das quais dei exemplos o ano passado, o sonho, o *acting-out*, um sintoma psicossomático, uma alucinação, cada uma daquelas formações, constitui a criação de uma realidade nova e estritamente local. Explico: suponhamos uma psoríase, chamemos isso de "realidade psoríase"; ela não é a realidade que se instaura a partir do momento em que alguém sofre uma psoríase; eu não quero dizer "realidade psoríase" no sentido das conseqüências provocadas pela aparição de uma afecção dérmica. Quando digo "realidade psoríase", refiro-me antes a toda a realidade psíquica que se realiza, que se enclausura, que se fecha, com a aparição da psoríase. Para mim, a realidade é uma criação, claro, mas uma criação que se fecha com a aparição, por exemplo, da manifestação psicossomática. Quero dizer que a formação do objeto *a* seria a criação de uma nova realidade local, mas que esta realidade local irá se fechar com a aparição daquela formação. Isso implica, comporta a idéia, que a realidade é uma questão de limite, de borda, eu acrescento — e explicarei no fim — que é uma questão de nó, não no sentido de nó borromeano, mas de algo que se fecha com um nó.

Se quiserem, eu vou começar lembrando o que é a realidade para Freud. O que é portanto a realidade para a psicanálise, e qual é a diferença com o Real? Comecei a escrever isso, mas não cheguei ao fim do meu raciocínio; eu o farei, provavelmente, da próxima vez.

Freud conservava constantemente uma concepção empírica da realidade, uma realidade que estava fora, circundava o sujeito e que, em última instância, era uma realidade tangível. É assim que já no *Projeto** Freud começa a submeter a realidade ao prazer. Para ele, naquela época, a realidade não era mais que o meio necessário, meio de desvio necessário para chegar à obtenção do prazer, isto é, para chegar à obtenção do repouso, o prazer sendo definido então como retorno à não tensão. Mas há uma realidade anterior àquela realidade, uma espécie de realidade mítica que é o fato de, num determinado momento, o sujeito, a criança, ser satisfeito com um objeto. Portanto, para dizer as coisas cronologicamente: primeira realidade, mítica, de um objeto real que chegaria a produzir uma satisfação real. Segunda concepção da realidade: quando o sujeito tenta reencontrar essa experiência primeira de satisfação com um objeto real, e fracassa, ele recorre a meios intermediários, indiretos, para obter aquela primeira satisfação. Portanto, a realidade primeira é: objeto primitivo, originário, mítico; segundo sentido da palavra realidade: um meio, ou seja, o sujeito se serve da realidade para obter o prazer; terceiro sentido da palavra realidade: quando Freud vai integrar a concepção da realidade no sistema percepção-consciência do Eu.** E mesmo assim fazendo, ele ainda vai pensar a realidade como submetida ao princípio do prazer, porque o Eu como representante da realidade será por sua vez investido pela libido. Essas são, portanto, as três acepções em Freud da palavra "realidade". Haverá nuanças, mudanças que direi mais tarde.

Gostaria agora de frisar o seguinte: a tendência para a realidade, em Freud, e ele próprio o diz, é o desprezo da vida. Diz ele: devo confessá-lo, e me incomoda confessá-lo, aconselho aos analistas des-

* "Projeto para uma psicologia científica", vol. I, E.S.B. (N.R.)

** *Moi*, no original. Adotada a tradução de Betty Milan, no *Seminário I* de Lacan conforme a nota de tradução n. 2 do referido livro. (N.R.)

prezarem a realidade, não se perguntarem se um evento infantil, traumático, que o paciente conta, é um evento verdadeiro ou falso. No início, ele pensou que eram eventos verdadeiros; depois, que eram eventos falsos; depois ainda, que era uma mistura de verdadeiro e falso. Enfim — e é isso que nos interessa — ele inventa; do desprezo ele passa a uma invenção: inventa o conceito de realidade psíquica. Não se trata mais da realidade material que ele despreza. Apesar de tudo, ele fica aí numa espécie de impasse: de fato, para ele, a realidade externa continua a existir. E é assim que vai distinguir realidade psíquica e realidade material. Vou ler para vocês a citação de Freud porque é muito bonita, muito clara. Encontra-se em um dos textos que lhes aconselho ler este ano: "Formulação sobre os dois princípios de funcionamento mental". Este texto encontra-se, por um lado, traduzido por Claude Conté num documento da antiga Escola Freudiana, e há uma tradução de Jean Laplanche, publicada na revista *Psychanalise à l'Université*. Não é um texto ordenado, mas sim composto de vários parágrafos numerados. É muito apaixonante de se ler. Eis o que diz na última página:

> Nunca se deixem levar a introduzir o padrão de realidade nas formações psíquicas recalcadas. Arriscar-se-ia, aí, a subestimar o valor das fantasias* na formação dos sintomas, ao invocar, justamente, que não são realidades, ou fazer derivar de uma outra origem um sentimento de culpa neurótico; porque não se pode provar a existência de um crime realmente cometido. Em outras palavras, não usem o padrão da realidade para medir as fantasias psíquicas.

Penso que Freud, nesse caso, fica preso na sua alternativa de que há uma realidade externa ao sujeito, porque ele diz que há realidade psíquica, mas que há também a realidade material. O segundo sinal desse impasse é que, apesar de tudo, quando se pergunta de onde os neuróticos tiram esta realidade psíquica, ele dá duas respostas: uma — não se fala mais nisso mas é uma resposta de Freud — que diz que as fantasias que constituem a realidade psíquica, em geral as três fantasias principais, a da cena primordial, a da sedução por um adulto e a da castração, ou seja, da visão do sexo feminino da mãe, ele dirá que estas três fantasias são tiradas das fantasias filogenéticas; isso quer dizer que

* *Fantasmes* no original. Apesar do uso corrente do neologismo fantasma, entre os leitores de Lacan em português, preferimos manter a tradução tradicional do termo original *phantasie*, utilizado por Freud. Procedimento com o qual concorda Dr. Nasio. (N.R.)

vêm não se sabe de onde, isso vem do início da história da humanidade. São fantasias que o ser humano transmite, e não sabe como. Depois, em determinados momentos, sempre prisioneiro deste impasse de querer procurar uma razão, ele vai até mesmo pensar que certas afecções psíquicas resultam de certos problemas orgânicos. E, como vocês sabem, Freud às vezes se permite dizer que no futuro existirão hormônios que nos permitirão dar conta de afecções que hoje não sabemos como melhor considerar.

Mas há uma questão: de que natureza é esta realidade psíquica? De que estofo está ela tramada? De que é feita? Pois bem, ela é feita de sexo. O estofo da realidade psíquica é um estofo sexual, é do desejo que se trata. É do desejo, mas não somente do desejo: trata-se de insatisfação. A realidade psíquica é como um tecido tramado em volta do desejo insatisfeito. Segundo: essa realidade psíquica não é somente tramada em volta do desejo — é isso que é difícil de se pensar, de se aceitar —, mas é também uma realidade efetiva, ela produz efeitos, ela é capaz de efetuar. É difícil aceitar que haja uma fantasia de cena primitiva — esta afirmação coloca um problema — tal qual a afirmação que Freud e nós mesmos chegamos a fazer de que não somente há uma fantasia de cena primitiva mas, além disso, que esta fantasia de cena primitiva é a razão do seu sofrimento atual. Quero dizer que, para Freud, a realidade psíquica era também uma realidade que provocava efeitos, porém, ela não é material, quero dizer que não é uma realidade tangível, não é uma realidade que se toca. No que concerne a Freud, haveria ainda muitas coisas para se dizer, que deixo para a discussão: há a questão do princípio de prazer/princípio de realidade, há a concepção por ele estabelecida no fim, como eu disse, segundo a qual a realidade externa é a projeção do aparelho psíquico etc.

Deixando Freud, tomemos a questão de qual é o conceito atual da realidade, quero dizer, como pensamos a realidade hoje? Há um livro publicado o ano passado, *Dez anos de psicanálise na América*, que é uma antologia dos melhores artigos publicados no jornal da Sociedade Psicanalítica Americana, no qual há um artigo do Sr. Robert Varlenstein, um ex-presidente da Sociedade, "O estudo psicanalítico da realidade". Pensei que fosse encontrar aí o que os americanos dizem em 1980 sobre a realidade. É muito decepcionante, profundamente decepcionante: nem uma coisinha que permita fazer ironia, criticá-los de maneira astuta. Afinal, para o autor, a realidade é psicossocial, é externa e é o conjunto dos fenômenos sociais atuais, e sua preocupação é que a psicanálise esteja de acordo com as modificações atuais da sociedade, isto é, o feminismo, a importância da juventude etc. Eu gostaria de ter lido um texto que fosse mais consistente. Há um, parece, criticado pelo mesmo Varlenstein, considerando que seu autor vai longe demais no conceito de realidade como realidade interna. Esse artigo é de um Sr. Lovald e se intitula "O Eu e a realidade" (1951), mas ainda não pude encontrá-lo.

Depois, para variar um pouco, fui ver o que dizem os físicos de hoje sobre a realidade. Houve um colóquio, "As implicações conceituais da física quântica", publicado no *Jornal de Física*. Tirei daí várias coisas, mas a que mais me interessa para esta noite é: primeiro, que para eles, a realidade não é o tangível. Segundo, para que haja realidade, e aí é que está o tendão de Aquiles, não é o tangível, nem é também o operatório, isto é, os meios postos em obra para transformar a realidade; é preciso que haja apesar de tudo um acordo intersubjetivo. Textualmente, eles dizem: a dificuldade concerne ao acordo intersubjetivo. Um dos intervenientes acaba dizendo — e me compraz ter encontrado esta citação e de dizê-la para mim mesmo, porque isso me impele a dizer que não há um padrão de uma concepção da realidade ao qual seria preciso se ligar, que se deveria seguir, mas temos, com os físicos, o mesmo problema — precisamos definir um conceito de realidade apropriado. Eis o problema dos físicos: dizem que, afinal, não sabemos muito bem o que é o conceito de realidade. Leio:

A física não parece absolutamente em vias de nos fornecer uma descrição do real, mesmo no quadro de um realismo remoto (porque para eles, a realidade é sempre algo remoto), e suspeito até que ela não seja capaz disso. *Talvez fosse necessário concluir que o real é não físico* (sublinhado por J.-D.N.).

São os físicos que dizem: seria preciso concluir que o real é *não-físico*! Enquanto nós, em nossa intuição cheia de preconceitos, pensamos sempre que a realidade constitui-se do mais puro físico! E o físico vem nos dizer que talvez não seja física. Porém, acrescenta apesar de tudo: talvez o real seja não-físico, ou talvez, seja velado. Eu diria que nos dois casos, isso alivia! Isso provoca a vontade de trabalhar por conta própria tentando tatear por si mesmo, sabendo que até os físicos têm dificuldade em descobrir do que se trata.

Qual é então a nossa maneira de tatear, como avançamos? Propomos duas concepções, duas acepções da realidade, a partir da teoria de Lacan. Uma seria uma realidade efetiva, no sentido de efetuante e a outra uma realidade superfície, "superficial".* Esta distinção, parece que nos anos 60, Laplanche a apresentou nas Jornadas provincianas da Sociedade Francesa de Psicanálise, num relatório sobre a realidade e este relatório levantou uma discussão, cujos vestígios ando procurando

* No original: *surfaciel* — "da superfície". (N.T.)

hoje, na qual Pierre Koffman interveio para dizer que se há de conservar uma distinção muito nítida entre uma concepção da realidade como realidade efetiva, e outra como realidade psíquica. A ordem de efetividade seria portanto a primeira acepção do termo de realidade, ou seja, a realidade como conjunto dos efeitos produzidos. Em outras palavras, a realidade é o que acontece, o que acontece efetivamente. Melhor, a realidade é o lugar onde isso muda, onde isso se transforma, se modifica. Friso aqui que é com relação a essa realidade que vai se colocar a diferença com o Real como aquilo que não muda. Mas efetividade não quer dizer materialidade. A psicanálise nos demonstra que os efeitos mais decisivos na história de um sujeito podem ser produzidos por causas não materiais, nem tangíveis nem aparentemente externas. Para nós, há duas ordens de determinações fundamentais da realidade: o simbólico e o imaginário. Direi que, até nova ordem, esses são os dois tipos de causas que produzem efeitos: palavras e imagens. Isto quer dizer que, afinal, a psicanálise pensa que o que produz um efeito é um significante, ou uma imagem. Uma imagem que, por mais virtual e por mais passiva que seja, é capaz de transformar seu corpo, é capaz de matar, ou é capaz de fazer nascer um outro corpo. Quero dizer que a reprodução sexual é, portanto, o nascimento de um ser, começa com uma imagem. Está-se no imaginário e acaba-se tendo um filho. E isso está colado, está junto, isso vai sempre junto. Estas duas determinações, simbólico e imaginário, vão constituir como uma montagem que vai definir a realidade. *A realidade efetiva é finalmente como uma montagem da dimensão imaginária e da dimensão simbólica.* Mas eu digo logo: para que haja realidade, é preciso algo mais que significantes e imagens. Para que haja realidade, é preciso que os significantes e as imagens tenham causado danos, tenham realmente provocado danos no sujeito. Voltarei a esta questão com a realidade superfície. Porém digo desde já que a realidade é uma montagem simbólica e imaginária, mas não somente.

Não me demorarei na dimensão imaginária e na dimensão simbólica. Vou simplesmente marcar o que me parece ser a articulação-chave para a determinação imaginária e a articulação-chave para a determinação simbólica. Essa realidade como uma montagem do simbólico e do imaginário foi representada por Lacan sob a forma do esquema R que vocês encontrarão na página 553 dos *Écrits**. Este

* Jacques Lacan — *Écrits*, Éditions du Seuil. O gráfico referido encontra-se no artigo "D'une question préliminaire à tout traitement possible de la psychose". (N.R.)

esquema R, que não quer dizer R de Real, mas sim R de realidade, é destinado, na minha opinião, a compreender não o que é a realidade na neurose, mas sim o que é a realidade na psicose. Em outros termos, trata-se de estabelecer o esquema R para depois ver como ele varia no caso da psicose. O que vou fazer esta noite é somente o esquema R no seu estado neurótico, no seu estado normal. Deve-se dizer que, para Lacan, este esquema R figura as condições do *perceptum* — que é sua linguagem da época. Eu diria que o esquema R é o conjunto das condições do objeto *a*. Eis o que é, para mim, a relação chave da dimensão imaginária. Duas observações: primeiro, no que diz respeito à dimensão imaginária em Lacan, encontramos duas referências em Freud, ambas concernentes ao Eu. Uma pensando o Eu definido por Freud como o corpo próprio e lembro que o corpo próprio é uma expressão do vocabulário relativo à psicose — por exemplo, Tausk, no seu artigo sobre o aparelho de influência, diz que o que é projetado pelo sujeito psicótico é o corpo próprio. Lacan, portanto, apóia-se na referência do Eu como corpo próprio e depois na referência do Eu como lugar das identificações e negligencia a terceira referência de Freud, a terceira concepção freudiana do Eu como sistema percepção/consciência. Portanto, Lacan deixa de lado esta terceira referência e se apóia na primeira para estabelecer a dimensão imaginária. O ano passado, falamos muito do imaginário, não voltaremos a isso. Frisarei somente que a personagem principal no enredo, na cena imaginária, não é a imagem; a personagem principal não é também o Eu. Na dimensão imaginária, a personagem principal é a libido. Toda vez que se ouve falar imaginário, deve-se pensar libido, e não imagem. Ou imagem, mas tão-somente como um meio para que a libido circule. Quando digo isso é para frisar mais ainda que no imaginário não se trata de espelho. Como disse no ano passado, creio que a intervenção do espelho na teoria de Lacan foi mais prejudicial do que útil, pois acredita-se que toda a questão se passa com o espelho. No imaginário, as imagens se refletem e se refratam no corpo o mais opaco do outro que temos frente a nós. E não precisamos nem do espelho nem também dos olhos: um cego vive absolutamente na dimensão imaginária sem espelho e sem ver o outro. Basta se sentir visto. E ele se sente.

Aproximem-se de um cegô para ajudá-lo a atravessar a rua. O que é extraordinário é que ele não gosta absolutamente que o ajudem. Ele sente perfeitamente a sua presença, sente não apenas o barulho mas também que você está aí, e não gosta que você esteja aí. Quero dizer que não se precisa de espelho, nem de olhos. O imaginário funciona fundamentalmente na dimensão das imagens, que não são necessariamente imagens vistas ou refletidas. E a relação entre um e outro, entre o Eu e a imagem, é uma relação que se sustenta de libido. Claro, Lacan estabelece a relação entre estes três termos, o Eu, a imagem e a libido a partir do estádio do espelho e é verdade que naquele texto vê-se melhor como surge a libido. A libido surge como o produto da discordância radical que há entre o corpo fragmentado da criança e a imagem unificadora. É porque existe essa distância entre um corpo dispersado e uma imagem global, é por causa dessa distância que aparece a libido. O melhor exemplo para entender este problema é a questão da energia. Aliás, a libido é definida como energia. Portanto, a analogia que vou fazer permite mesmo definir a libido como energia. Trata-se de um exemplo muito simples de física: é necessário, para que haja energia potencial que possa tornar-se eletricidade, uma distância, uma diferença, uma discordância de dois planos, o plano onde está a água e o plano do solo, da queda da água. Além disso, é preciso um cano, ou seja, que a água, além do mais, caia de maneira regulada. Aí é que se produz o que se chama, na física de ginásio, a energia potencial. Eu diria que se trata aqui da mesma questão: a diferença de plano se faz entre o Eu como corpo fragmentado e a imagem como elemento unificador. Entre estes dois planos se faz a queda da libido como energia que vem a surgir enquanto há essa discordância, essa distância, essa separação. No caso do estádio do espelho, a libido toma a forma que vocês todos conhecem, do júbilo da criança diante do espelho. Enquanto há essa separação entre a imagem e o corpo próprio, a libido tem, como aquela energia potencial da física, um impulso constante. Voltarei, talvez neste ano, a esse problema do impulso constante, a respeito de um teorema de física, o teorema de Stocks, ao qual Lacan se refere para explicar como funciona o caráter constante da pulsão. Isto nos interessará para tratar das formações do objeto *a*, em particular a formação psicossomática, pois encontra-se aí uma questão de libido que entra em jogo, uma questão de impulso não constante da libido. Volto portanto a isso: há um primeiro ternário imaginário, a primeira determinação imaginária, que se joga entre três termos: o Eu, a imagem e a libido. Mas esta libido é um órgão também, um órgão que chamaremos de órgão fálico; não o pênis, mas sim a libido como órgão fálico, que reencontramos no seguinte quadro, onde *m* é o Eu, *i* a imagem unificadora e φ a libido.

É necessário esclarecer que falar de libido fálica quando se trata do estádio do espelho ou, em outros termos, dizer que o júbilo da criança é uma jubilização* sexual, não passa de uma interpretação retroativa daquele júbilo. Trata-se da incidência retroativa do falo. Eu lembro para aqueles que não estavam presentes quando falamos disso, que se deve entender a questão do significante fálico como tendo uma incidência retroativa sobre todas as manifestações libidinais do sujeito, mesmo as dos primeiros momentos da sua vida. Assim, o júbilo para a psicanálise não passa de uma manifestação libidinal fálica. A partir daí, assinalaremos a libido com o sinal φ. Temos portanto três termos: o Eu como corpo fragmentado da criança, *i* como imagem unificadora do estádio do espelho e φ como a libido surgida da discordância entre o Eu e a imagem (Gráfico 1).

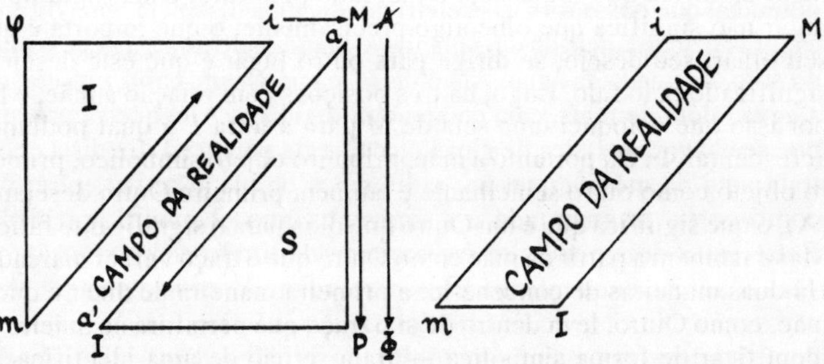

Gráfico 1

Agora, a respeito do ternário simbólico, não basta afirmar que a realidade consiste nos significantes organizados em redes, e o pensamento numa armadura significante; podemos dizê-lo, podemos pensá-lo. Mas devemos entender que esta rede significante que define a realidade — estou ainda no nível da realidade efetiva — comporta também três personagens, entre as quais uma é a personagem principal. Entre as três personagens do ternário simbólico, a mãe se define ela

* *jubilisation*, no original. Este neologismo explicado no trecho imediatamente posterior (''interpretação retroativa daquele júbilo'') parece implicar uma *ação sobre* o próprio júbilo. (N.T.)

mesma, por três posições: como sendo o primeiro Outro, quero dizer, como sendo o primeiro elemento que permite à criança, pela sua simples presença ou ausência, integrar o que é o simbólico (basta que uma mãe esteja ou não esteja para que desde já esta mãe seja o primeiro objeto primordial simbólico). Segundo, a mãe é também o primeiro pequeno outro, ou seja, o primeiro semelhante. É por isto que, no esquema, a letra *a* está debaixo da letra *M*. Mas, sobretudo, trata-se da mãe como mãe desejante. Para a psicanálise, para nós, a mãe é, em primeiro lugar, uma mãe que deseja. E uma mãe que deseja é uma mãe que não olha para a criança. Uma mãe que deseja é uma mãe que tem as crianças nos braços e olha para outro lugar. Olha o quê, em outro lugar? Não forçosamente seu parceiro. Ela olha para outro lugar, isto é, para o significante do seu desejo. Que olhe para outro lugar significa que seu desejo é marcado pelo falo. Olhar para outro lugar não significa que olhe algo precisamente; o que importa é que seu olhar, seu desejo, se dirige para outro lugar e que este desejo é significado pelo falo. Logo, há três posições com relação à mãe, e foi por isso que coloquei uma seta de *M* para a letra *P* à qual podemos acrescentar Φ. Há portanto a mãe, primeiro objeto simbólico, primeiro objeto como outro semelhante e também primeiro Outro desejante (Ⱥ), o que significa que é um Outro que olha para o significante fálico. Mas é também a partir da mãe como Outro que o traço vai ser marcado. Há duas maneiras de concebê-lo: a primeira maneira de dizer é que a mãe, como Outro, leva dentro de si o traço que permitirá ao sujeito se identificar de forma simbólica — trata-se não de uma identificação imaginária, mas sim de uma identificação simbólica, isto é, uma identificação ao Ideal do Eu. Assim, há duas maneiras de dizê-lo — esta é uma: o Outro é marcado por um traço ao qual eu me identifico; a outra é: o Ideal do Eu é o traço que se mantém regular, apesar da repetição incessante do diferente na vida de um sujeito.

Sempre uso o exemplo dado por Freud, o qual diz que, afinal, em todos os objetos de amor, tidos ou perdidos no decorrer da vida de um ser, encontra-se algo comum que se desloca, sempre o mesmo — há um traço que é próprio a todos os objetos. Ora, é a este traço que o sujeito acaba se identificando. E também há algo procedendo do eu* que vem por sua vez regular as identificações imaginárias do Eu.

* No original, *du moi*. *Du* — partitivo exprimindo, em francês, um pedaço ou uma determinada quantidade do que se trata. Por isso deixamos como no original a letra minúscula da palavra eu, diferença do Eu logo em seguida que está no original, *Moi*. (N.T.)

Portanto, no ternário simbólico constituído por *M* nas três posições a que me referi, tendo este traço de referência de uma identificação simbólica para o sujeito, *I*, e também por *P*, que é o significante do Nome-do-Pai, a terceira personagem, *P*, justamente é a mais importante. Não volto a falar sobre este significante do Nome-do-Pai, ao qual dedicamos duas aulas no ano passado. Observarei tão-somente o que importa quanto à questão da realidade: este elemento, significante do Nome-do-Pai, que tem como função manter vivo o desejo da mãe, ou se quiserem, separar a mãe do filho ou, se ainda preferirem, dar a possibilidade de que o desejo da mãe seja significado, é ele quem vai nomear. Portanto, este Nome-do-Pai, este significante do Nome-do-Pai, é um elemento fora do simbólico, porém que dele assegura a consistência; ele está fora do conjunto da rede significante e a torna consistente. Podemos pensá-lo como sendo o significante excluído, mas que torna o conjunto consistente. É o que poderíamos chamar de ex-sistência: um significante ex-siste para fazer com que os outros consistam. O que me parece importante é que este significante é tão externo como a libido. Eu dizia que a libido é a personagem principal do ternário imaginário — digo aqui que o Nome-do-Pai é o personagem principal do ternário simbólico. Estas duas personagens principais são as que sustentam, dão consistência aos dois ternários e, ao mesmo tempo, são os dois elementos que são excluídos. No esquema, vocês podem juntá-los por trás (linha interrompida). Por que dizer isto? Primeiro: não expliquei [apenas]* que a libido é fundamental no ternário imaginário mas que [também] é excluída dele, na medida em que não aparece no espelho — ela sustenta a relação do Eu à imagem, mas não aparece na imagem. A libido não tem imagem, não é especularizável. Eis o ponto ao qual eu queria chegar: *a realidade é a montagem de duas dimensões, de duas determinações — a determinação simbólica e a determinação imaginária.* Esta franja da realidade, no esquema, é uma montagem de imagens e de significantes, à qual poderíamos mesmo dar uma circularidade particular, um movimento que partiria da imagem *i*, que poderíamos supor como sendo a primeira no espaço do espelho como imagem completa, até chegar à constatação por parte do sujeito, da mãe como mãe desejante. Depois, um outro movimento, do Ideal do Eu para o Eu, o Ideal do Eu vindo regular as identificações imaginárias do Eu. Em outras palavras, eu não posso me identificar ao outro semelhante sem que haja um referente externo a mim, um Outro

* As palavras *apenas* e logo a seguir *também*, entre colchetes, foram acrescentadas ao texto original por coerência ao pensamento do autor. (N.R.)

simbólico que regule minhas identificações com o semelhante. E a flecha que vai de *m* até *i*, ou seja, o movimento que vai do Eu à imagem, é um movimento que está enxertado com aquela flecha de Eu para *i*. Temos, portanto, o corpo da criança, o Eu, corpo fragmentado, em direção à imagem unificadora, as imagens que vão se suceder até chegar ao Outro como Outro desejante, o Outro desejante que tem o traço que permite estabelecer identificações simbólicas sobre o termo do Ideal do Eu, e finalmente o Ideal do Eu que regula as relações do Eu para com a imagem. Em outros termos, a franja da realidade é a sucessão de identificações imaginárias que vão do Eu à imagem, constantemente o Eu vê a imagem, a imagem transforma o Eu, o Eu transformado dá uma outra imagem e assim, sucessivamente, até chegar à constatação de que a mãe é um outro que deseja. Eis portanto o que quero dizer, agora que estabelecemos o que é da natureza desta franja da realidade: *esta realidade não é consistente senão na medida em que há uma exclusão da libido e do Nome-do-Pai*. É isso que eu queria dizer com a expressão realidade-superfície (Gráfico 2).

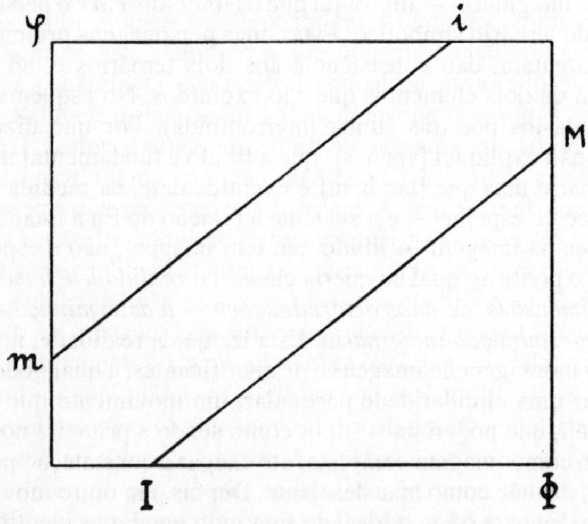

Gráfico 2

Eis o ponto em que eu queria chegar e que será útil para as próximas vezes. Precisei passar por todas aquelas voltas que, para alguns, são coisas já estabelecidas, mas foi o caminho que percorri no meu próprio trabalho, até chegar a isto: a realidade é feita de significantes que se repetem, de identificações simbólicas, e a realidade é feita de significantes que determinam o lugar que temos. Penso no exemplo do ministro na *Carta roubada*: basta ele possuir a carta em determinado momento para ocupar neste momento o lugar determinado pela carta. Concretamente, quando o ministro possui a carta nas mãos, ele procede como uma mulherzinha, ele toma uma posição feminina. É um exemplo simples para mostrar que um significante determina nosso lugar. Mas eu digo que a realidade é mais que significantes que determinam nosso lugar, ela é mais que imagens que podem refratar-se no Outro, que podem até nos rebaixar — penso no rebaixamento do amor como o mostra Freud, o rebaixamento da vida amorosa, o rebaixamento da vida imaginária. Tudo isso não basta para definir a realidade para a psicanálise. É preciso que o complexo de imagens e de significantes se trame em volta de um ponto decisivo, o da *insatisfação que o sujeito reencontra cada vez que repete*. Cada vez que repete, há insatisfação. Essa insatisfação é necessária para que haja realidade. Eu diria até que *a própria insatisfação é um fragmento da realidade*. Neste ponto, peço-lhes olharem para o percurso que fizemos: começamos pensando a realidade como sendo o objeto que dá satisfação; continuamos dizendo que a realidade são os meios para obter satisfação; e agora, acabamos de dizer que a realidade é a própria insatisfação. É por isso que eu dizia, no início, que a realidade é uma questão de borda, uma questão de limite, de ponto terminal. É preciso que o sistema, a montagem da realidade encontre um limite sob a forma do objeto que lhe escapa. A realidade se mantém não apenas pela presença do Nome-do-Pai, não somente porque há a libido excluída, mas também porque há uma perda — é preciso perder para que haja realidade. Não há realidade se não há perda, se não há resíduo, se não há destroços. E toda a realidade comporta uma cicatriz. Eu diria que não se pode falar de realidade se não há uma referência de cicatriz, cicatriz de perda. É por isso que eu dizia, no início, que no limite da realidade, ela tem a forma de um nó, mas um nó com um buraco, eu diria uma mistura de nó e buraco. A mistura de nó e de buraco, em anatomia, tem um nome: é um *umbigo*. Precisa-se de umbigos para falar de realidade: não há realidade sem umbigo. É por isso que esta fórmula me ocorreu: *a realidade não se define senão pelo umbigo do Real* (aí eu acrescento um termo que não mencionei até agora). Precisamente eu penso que, em determinados casos, o umbigo que vem fazer marca do afeto vem para enclausurar e dar o limite à realidade. Mas este umbigo é, de certa forma, local, quase que referível. Agora eu penso que nos casos de fenômenos psicossomáticos, por exemplo, o umbigo apossa-se da realidade toda. É como se o enclausuramento da realidade e a perda não dissessem respeito a algo de local, relativo a um orifício próprio e natural do corpo, mas como se a realidade toda fosse umbilical, fosse como um umbigo vindo para englobá-la. Há, aliás, uma referência de Freud no capítulo VII da *Interpretação dos Sonhos* onde ele fala de algo do mesmo gênero, da mesma imagem, a imagem de um tipo de cogumelo que chega a englobar a base que o sustenta. Eu diria que o umbigo é do mesmo tipo. Eis o que é para mim uma realidade superfície. A realidade superfície é uma realidade umbilical, isto é, marcada pela perda do objeto. Voltarei, da próxima vez, a esta questão. Por enquanto, paro para deixá-los fazer perguntas ou intervenções.

(...)

Sua pergunta toca exatamente numa das questões que tento tratar no meu trabalho deste ano: qual é a diferença entre um sintoma e o que chamo de umbigo do Real? Esta expressão é uma paráfrase da de Freud, "umbigo do sonho". Há uma diferença fundamental que precisaríamos trabalhar: o sintoma resulta necessariamente, logicamente, do fato de um elemento significante remeter a outro. Um sintoma é uma metáfora significante — um sintoma é sempre, desse ponto de vista, a produção de um significante novo. Um sintoma é sempre, apesar do fato de se repetir, algo novo, é sempre metáfora, enquanto que no caso do objeto, e aí é que está o problema, eu não consigo decidir entre o fato de pensar o objeto como sempre o pensei, e isto quer dizer para mim que sempre se perde o objeto. Mais ainda, o objeto é a ponta de insatisfação da qual falei há pouco.

Será que a insatisfação sempre aparece quando os significantes se remetem uns aos outros? Ora, foi assim que sempre pensei, já que a fórmula na lógica lacaniana clássica diz que o objeto cai quando há uma relação de significantes. Portanto, não há relação de significantes sem que haja um objeto que caia. Mas agora talvez eu coloque as coisas de maneira diferente: penso que em certas afecções não se deveria mais pensar em termos de queda de objeto quando os significantes se articulam, mas que o objeto é a queda de um significante, ou seja, que o objeto, em certas afecções, aparece apenas no momento em que o significante excluído, o significante do Nome-do-Pai, não se produz.

Portanto, acho que há uma sutura diferente. Em outras palavras, como gosto de dizer em determinados momentos, o ser falante tem dois meios para se defender do Real: um é o significante, o outro é o objeto; um é o sintoma, o outro é a fantasia. A questão é que o sintoma não corta da mesma forma que o objeto. A perda do objeto implica uma separação. O sintoma implica um corte. O sintoma é o corte. A perda do objeto é a separação que resulta do corte. Isso me leva a dizer que no sintoma há sempre algo relativo à perda do objeto. Não se pode distinguir as duas coisas de forma nítida. Até para Freud, atrás do sintoma, há sempre uma fantasia. Mas seria necessária, apesar de tudo, uma distinção de tipo lógico.

(...)

Há três variantes da relação do significante ao objeto. As duas primeiras partem da premissa de que o sistema de sucessão significante é consistente, quero dizer que o Nome-do-Pai está aí, ou, em outras palavras, o sistema dos significantes é consistente enquanto há um significante fora. Neste caso, podem ter duas variantes com relação ao objeto: ou o objeto cai quando um significante é remetido ao outro, ou o próprio objeto é a queda do significante. A terceira variante partiria do fato de que não há consistência do sistema significante, e é nesta terceira variante que eu coloco as formações do objeto *a*. Quero dizer não somente que o objeto cai, mas também que ele domina, em correlação com o fato de que o sistema significante não é mais consistente, o que quer dizer que os significantes não se remetem mais uns aos outros, não há mais significação, não há mais equívoco: o significante é, por natureza, equívoco. No terceiro caso, onde há falta do Nome-do-Pai, isto é, o caso da foraclusão, os significantes não se remetem mais uns aos outros, não há mais equívoco significante: há um objeto e, depois, uma chamada significante que não teve resposta significante, que teve uma resposta objeto.

Para voltar ao caso da alucinação que tratamos no ano passado: a alucinação é a resposta objeto a uma chamada significante. É porque o Nome-do-Pai — que dava consistência ao conjunto significante — é excluído, é foracluído, não veio, que, por exemplo, na transferência de Schreber com Fleschig, ele não responde por significantes, sintomas, sonhos, e sim por uma alucinação, por um delírio. No lugar do significante, há o delírio, e um significante não remete mais a outro significante, mas a um delírio, ou um significante remete a uma úlcera, ou um significante remete a uma psoríase. Quero dizer que para aparecer uma psoríase, é preciso um apelo, que haja em algum lugar um apelo significante fazendo o sujeito responder com uma afecção dérmica. Este apelo significante não é necessariamente o apelo de um outro, de um terceiro. Pode ser um sonho. Ainda no caso de Schreber: ao acordar, ele pensa que seria lindo ser uma mulher durante o acasalamento. Um apelo pode ser perfeitamente uma palavra que ocorre ao sujeito, como um sonho ou até um ato falho. A questão não é tanto o apelo que é sempre significante; é que *a resposta àquele apelo não seja mais significante*, quer dizer, uma resposta que não remeta a mais nada, uma resposta gelada, um congelamento. Esta palavra "gelada" é de Winnicott (*freezing*). O desejo é gelado, congelado, cristalizado e é aí que a resposta é uma outra resposta, que não significante. É a isso que eu chamo de formações do objeto *a*: são produções psíquicas onde não há referência significante.

(...)

O que o Sr. diz me faz pensar na questão do horizonte. Penso que, no caso da realidade entendida como a realidade do neurótico, há sempre um horizonte com pontos de fuga. Este ponto de fuga para o horizonte é uma figura do Nome-do-Pai. Enquanto que no caso dessas formações do objeto *a*, há sempre o horizonte, mas não há mais ponto de fuga, não há mais destino, no sentido de ponto de fuga no horizonte.

Aliás, agora que faço menção a essa questão do horizonte, eu não queria tratar disto, mas, para Lacan, o esquema R é um plano projetivo, ou seja, não é um simples quadrado, mas sim a representação desenhada de um plano projetivo topológico, isto é, um plano tal que a cada ponto da borda corresponde um ponto antípoda. Estes pontos antípodas são os pontos ao infinito que se acrescentam a uma reta. Por que esta observação topológica? Para dizer que a realidade tal como é definida pelo esquema R pode ser vista de forma diferente de uma montagem do simbólico e do imaginário — pode ser vista como uma realidade que não tem dentro nem fora. Eu diria que a realidade, tal como a trabalhamos esta noite, comporta três características: é uma realidade local, limitada por um umbigo, e é uma realidade que não tem dentro nem fora. O que não impede que a coisa local se torne o elemento global que vai invadir toda a realidade do sujeito. Foi por isso que falei da imagem do umbigo cogumelo. Para voltar ao exemplo da psoríase: ela se torna toda a realidade do sujeito — o sujeito está aí, na psoríase, vinculado àquele fenômeno que apareceu na sua pele.

SEMINÁRIO II

14 de fevereiro de 1983

Esta noite, dividi a exposição em três partes. Na primeira, tentarei distinguir Real e realidade, voltando ao esquema R, do qual tratei da última vez. Depois, se tudo correr bem, voltarei aos mecanismos de formação do objeto *a*. Por fim, se restar tempo, farei algumas observações preliminares sobre o tema em que trabalho atualmente, mas do qual não estou ainda em condições de falar-lhes: o tema da perturbação psicossomática.

Trata-se de saber onde trabalhamos, em que lugar ocorrem certos eventos da experiência analítica, e até certos eventos que não estão necessariamente na experiência, mas que estão a ela vinculados. Em outras palavras, em que lugar ocorre a cefaléia, a enxaqueca de um paciente, uma enxaqueca repetida no decorrer de dois anos. Em que lugar ocorre uma interpretação, em que lugar ocorre uma passagem ao ato, em que lugar ocorre um suicídio, quando um paciente, por exemplo, sofrendo uma "*bouffée*" delirante, se joga janela afora? E que posição devemos adotar diante de tais eventos? A posição que devemos adotar como analista depende de muitas coisas e, na minha opinião, de duas em especial, entre as mais importantes.

Depende do lugar que o paciente determina para mim, ou seja, se o paciente me pergunta alguma coisa, ele me determina um lugar, se protesta, ele me determina um lugar, se me odeia, ele me determina um lugar — isto define minha posição. Mas não é apenas isto que define minha posição como analista: é também um conjunto de preconceitos, de pressupostos que constituem o fundo, o pano de fundo da minha ação e, afinal, se vocês próprios se consultarem com relação aos seus preconceitos, perceberão que estamos muito embaraçados por diferentes tipos de preconceitos que eu poderia colocar sob a forma de *pares de opostos*. Por exemplo, o preconceito segundo o qual há homens e mulheres, o preconceito segundo o qual o paciente é ele, e eu sou o analista, ele e eu; o preconceito segundo o qual o corpo é uma coisa e o psíquico é outra, o preconceito segundo o qual a realidade material não é a mesma que a realidade psíquica, o preconceito segundo o qual há um dentro e um fora, o preconceito segundo o qual há um direito e um avesso, e assim por diante. Afinal, eu penso que o trabalho teórico às vezes árduo, abstrato e muito afastado da experiência, ajuda a nos livrarmos, em grande parte, destes preconceitos ou, pelo menos, a instalar outros mais favoráveis à experiência da análise.

Com esses preconceitos, não sabemos pensar bem qual é o lugar onde trabalhamos, porque este lugar é um limite. Quero dizer que está no limite, na região do limite, na região da zona fronteiriça. Mas não estamos como um fiscal da alfândega: trabalhamos como operários, na fronteira. Para mim, como para um autor que lhes citarei daqui a pouco, a fronteira é uma zona muito larga, não é uma linha fina; às vezes ela é tão larga que consegue abarcar os termos que separa. Eu estava portanto com esta idéia, quando encontrei um autor chamado Dulaure, que publicou, por volta de 1805, uma série de livros, entre os quais um, citado por Freud, em "O Tabu da Virgindade", o qual não consegui encontrar. Como estava interessado no problema do pai — e Freud, falando do pai, dá a citação de Dulaure tirada do livro *As Divindades geradoras** — eu quis saber quem era este autor e o que dizia. Não encontrei aquele livro, mas este outro, cujo título é *Os cultos que precederam e conduziram à idolatria ou à adoração das figuras humanas***. É uma mina no que diz respeito à fronteira; aquele homem era louco por fronteira, passa o tempo falando em fronteira, dizendo que tudo acontece na fronteira, que é o teatro do combate entre os exércitos inimigos, que na fronteira há os mortos, que na fronteira se sepultam, se enterram os mortos, que é o lugar onde se erigem os cultos, que até — e está perfeitamente na lógica do que vou dizer hoje — se há pedras nas fronteiras, é porque na origem — é sua hipótese, um pouco delirante, mas ela vale pelo que vale — as montanhas eram sagradas. Em determinado momento, como os povos não podiam ter a montanha por perto, pegaram pedras, pedaços da montanha e os instalaram na fronteira para marcar as muralhas. Esta é para ele a origem das muralhas, um conjunto de representantes de uma montanha sagrada. Lerei o que ele diz do que ocorre na fronteira:

* *Les divinités génératrices*, no original. (N.T.)

** *Les cultes qui ont précédés et amenés à l'idolâtrie ou l'adoration des figures humaines*, no original. (N.T.)

"Na fronteira, há os principais objetos do culto, os túmulos, as instituições civis e religiosas. É o lugar de permanência das ninfas, dos gênios, dos heróis e dos deuses."

Para ele, a fronteira concerne a um território, eu insisto, muito largo, muito inculto, desértico.

Penso que o que acontece na análise é quase que da mesma ordem: trabalhamos na fronteira, trabalhamos no limite, mas esse limite é muito largo, e aí se passam muitas coisas: coisas que têm a ver com o nascimento, coisas que têm a ver com a morte. Entre que termos passa esse limite que diz respeito à experiência da análise? Pois bem, gostaria de fazê-los hoje sentir que este limite passa entre dois termos, duas instâncias, uma sendo o sujeito e a outra o Real e que este limite é a própria realidade. Temos aí, portanto, três termos: o sujeito, o Real e a realidade no meio, a tal ponto, que aí voltarei a um texto de Lacan que lhes aconselho ler e que se encontra em *Scilicet nº 1:* "A psicanálise nas suas relações com a realidade." Ele começa dizendo que "a psicanálise é a realidade". Compreendo isso desta maneira: a psicanálise é a realidade enquanto esse limite, essa zona fronteiriça entre o sujeito e o Real.

Há pouco, falei de preconceito. Pois Freud não escapou de um preconceito — fiz menção disto na última vez — no qual ficou preso por toda sua obra. O preconceito foi de pensar que há um externo e um interno, que há um dentro e um fora, e este preconceito corresponde perfeitamente ao modelo da câmara negra. Este modelo, vocês o conhecem, consiste nisto: um indivíduo é uma câmara negra furada por um buraquinho que corresponde aos olhos. O interior é totalmente oposto e diferente do exterior. Há, portanto, entre o interno e o externo, a superfície da pele. O postulado profundamente idealista que sustenta este modelo da câmara negra, esta idéia de que há um dentro e um fora, é o seguinte: só posso conhecer o que está fora de mim através de representações. Ora, estas representações não existem fora, só podem existir na minha cabeça. Isto quer dizer que só posso conhecer o fora através de representações, portanto, estas representações só podem ser internas, pois elas são de uma natureza e de uma consistência diferentes do fora que representam. Este postulado tem uma base profundamente idealista, atrás da qual está Berkeley, que sustenta com toda a força que há um fora e um dentro.

Nós, em análise, sustentamos o contrário. Não sustentamos que haja um dentro e um fora. Não penso que, em determinados momentos do tratamento, entre mim e meu paciente, haja um dentro ou fora. Há de se aceitar a idéia, lenta mas progressivamente, de que em determinados momentos do tratamento, não sempre, a relação do analista e do analisando não é separada pela pele nem pela distância do espaço intuitivo, espacial, enfim o espaço que pode ser considerado entre os objetos. Não há dentro nem fora.

Eu dizia, porém, que Freud ficou prisioneiro deste preconceito. Ele supunha dois mundos, reais e desconhecidos. Mas observo antes que me esqueça que, para Freud, Real e realidade são a mesma coisa; é uma questão de palavras, de vocabulário nas frases. Não achei nenhum texto onde ele faça uma diferença entre o Real e a realidade, enquanto que para Lacan, esta diferença é decisiva. Dito isto, voltemos à maneira pela qual ele fala do Real. Para ele, há dois reais, e os dois são desconhecidos. Um é externo e o outro é psíquico, interno. Apoiando-se em Kant, ele se regozijava em concluir que, dos dois reais, somente o real *interno* tinha chances de ser cognoscível. Vocês acharão a citação exata em "O Inconsciente" na Metapsicologia.

Porém, há uma dupla observação, feita por Freud mesmo, somente no fim da sua vida, que vai modificar o que chamo de preconceito do dentro e do fora. A primeira observação -- e ainda não cheguei ao fim desta idéia — é que o aparelho psíquico tem uma extensão no espaço. Ele dirá também na mesma época: o espaço é a projeção do aparelho psíquico. Começa, portanto, como se fosse apagar esta distância. A segunda observação, feita particularmente no "Esboço de Psicanálise"*, é onde coloca esta idéia muito interessante: este real interno é cognoscível, mais cognoscível que o externo, mas não é apreensível por conceitos, por palavras, não é apreensível por uma imagem; este real interno é apreensível pela experiência da análise. Em outras palavras, este real interno é apreensível somente pelo Real interno do analista. Ou seja, logo no momento em que este coloca o dispositivo analítico como maneira de apreender o real interno, encontra-se em um tipo de vaivém do real interno do analisando ao real interno do analista — para usar os termos de Freud —, o que faz com que a fronteira entre um e outro seja empurrada, questionada, atingida.

A este respeito, eu diria que Lacan conserva perfeitamente esta idéia. De fato, para Lacan e para o trabalho que fizemos desde o tempo em que mantemos este seminário, há algo semelhante. Já o

* Edição Standard Brasileira, Vol. XXIII. (N.R.)

disse várias vezes e insisto nisso mais uma vez: o desejo do analista e o desejo do paciente se juntam num só e único ponto. Eu imagino o desejo do analisando como um triângulo e o analista como outro triângulo, ambos se encontrando no vértice, como uma gravata borboleta.

Para Lacan, o problema se coloca de forma totalmente diferente. Primeiro, distingue Real e realidade e, segundo, o limite não passa entre o interno e o externo. Vai passar — repito o que dizia no início — não entre duas instâncias referidas ao espaço, nem entre duas instâncias referidas ao tempo, mas sim entre duas instâncias que não têm representação adequada no espaço intuitivo. Isto quer dizer que são duas instâncias difíceis de se tornarem tangíveis. Se vocês me pedirem para demonstrar onde estão estas duas instâncias, ou seja, o sujeito por um lado e o Real por outro, eu não poderia, de modo algum, lhes dar a mínima prova. Eu dizia, portanto, que há para Lacan uma diferença entre o Real e a realidade, como também que o limite não passa entre o dentro e o fora, mas *entre o sujeito e o Real*. Mas é um limite que transborda* sobre o Real e que transborda sobre o sujeito. É um limite que vem como que abarcar os dois termos que separa. E, para dar uma explicação mais precisa — vocês verão isso como o esquema R —, a realidade como limite assimila completamente o sujeito e transborda somente um pouco na praia do Real.

Primeiro, qual é a diferença entre o Real e a realidade? Entre as diversas respostas possíveis, escolhi esta: o Real é o que não muda, o Real é o que sempre fica o mesmo. Pode transbordar sobre a praia do Real, mas ele se desloca e fica intacto. Este Real, para os analistas — eu insisto nesta precisão, pois penso que há um Real para a ciência, um Real para a análise, um Real para o Mestre e um Real para a Universidade —, o Real para a análise, é o sexo. Quando digo sexo, não se trata do sexo genital, nem se trata do que é pré-genital, pulsional, e sim de um sexo ao qual não temos acesso, de um sexo que está além do nosso corpo, um sexo que é não-sabido, não-conhecido, inapreensível, que não somos capazes de tolerar e de conhecer porque falamos. Desde o momento em que falamos, colocamos tantos meios intermediários entre nós e este sexo que não conseguimos apreendê-lo. Portanto, sexo, neste sentido, como coisa inatingível, significa Gozo; é o termo que me parece mais adaptado, mais adequado. Digo logo que se a experiência da análise acontece no limite e se

* No original: *mord sur le Réel*... (N.T.)

este limite é a realidade e se esta realidade separa o Real do sujeito, eu digo logo que não há Real na experiência da análise. O Real na experiência da análise se encontra fora. O que acabo de dizer é uma redundância, pois todo Real se encontra sempre fora; que eu o diga para a análise pode ser chocante mas, na realidade, ele está todo o tempo fora, em todos os lugares; o Real é o que está fora e que não muda, fica sempre o mesmo.

A realidade pelo contrário é mutável — ela é pulsátil, se abre, se fecha. A realidade é alguma coisa — eu insisto, sob o ponto de vista psicanalítico — que se abre com uma palavra, com um gesto, com uma decisão, com um ato, e que se fecha com alguma coisa que se perde. A realidade muda. A realidade, diferentemente do Real, é local. O Real não é local. Se não for um abuso, eu diria que o Real é da ordem do global. A realidade, pelo contrário, é da ordem do local (explicarei depois o que entendo por local). Além do mais, a realidade é consistente, quero dizer, é uma trama bem tecida de significantes e de imagens — já o dissemos da última vez.

Eu digo bem tecida, e o problema todo se coloca justamente para a psicose, para os pacientes psicossomáticos, para as passagens ao ato, para as alucinações. Isso quer dizer que não vamos ter a hipótese de que na psicose a realidade se perde. Teremos a hipótese de que, na psicose, ou em pacientes psicossomáticos, por exemplo, ou para uma alucinação, *a realidade muda de consistência*. Não é que se perca, e sim que é outra. Todo o trabalho que nos resta a fazer, que deveremos fazer nos anos que vêm, que talvez venha a ser uma maneira de pensar a famosa teoria da psicose, é colocar como num quebra-cabeça diferentes concepções sobre a consistência diferente, nova, que a realidade tem para um psicótico. E quando digo psicótico, é necessário de novo distinguir esquizofrênico de paranóico e de parafrênico, por exemplo. Para considerar as coisas de maneira mais particular, mais local: que consistência tem a realidade no momento de um suicídio? A realidade está aí não é que não haja mais realidade, ela é outra. Quero dizer que ela tem outra consistência, uma outra realidade, e que se fecha de outra forma que a realidade tal como a descrevemos, por exemplo, até agora, com o esquema R.

Explico melhor: na última vez, nós nos detivemos no conceito de realidade definido num primeiro tempo — e era a primeira maneira de concebê-lo — como a superposição de dois triângulos: o imaginário e o simbólico. Dissemos que a realidade é uma armadura de significantes e de imagens — e é uma armadura que se mantém. Em outras palavras, é uma armadura que é consistente. Desenhamos o quadrângulo (o campo hachuriado) (Gráfico 1).

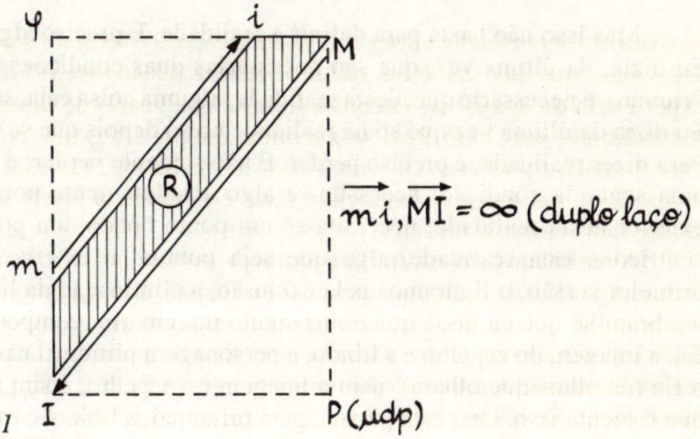

Gráfico 1

Nesta primeira definição, podemos dizer que a armadura das palavras e das imagens é uma trama bem consistente. Mas poderíamos fazer viver esta trama dizendo que, de fato, a realidade é a série de identificações que se sucedem no decorrer da vida de um sujeito. Seriam todos os vaivêm entre o Eu e a imagem, e todas as modificações que vão se produzir a partir da imagem primeira, completa, do estádio do espelho, até aquele lugar da Mãe, entendida em três sentidos, um dos quais — o Outro que deseja — me parecia o sentido mais importante. Isto quer dizer que o Eu vai se identificar à imagem completa, a imagens parciais, até encontrar o Outro como um Outro que deseja. E podemos dizer que a realidade, na vida de alguém, é a sucessão de encontros identificadores e de encontros do desejo do Outro (Gráfico 2).

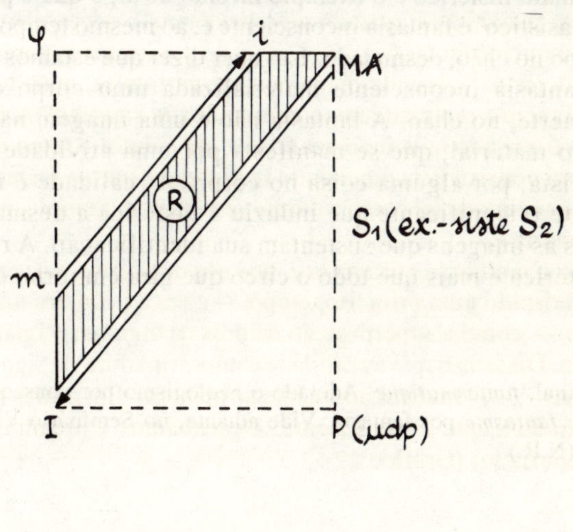

Gráfico 2

Mas isso não basta para definir a realidade. É preciso algo mais. Eu dizia, da última vez, que são necessárias duas condições a mais. Primeiro, é necessário que, desta realidade, alguma coisa caia, se perca. Eu dizia da última vez que só há realidade no só depois que se perdeu. Para dizer realidade, é preciso perder. E não somente perder; é preciso uma segunda condição: necessita-se algo absolutamente pontual no exterior desta realidade; necessita-se um ponto opaco, um ponto excêntrico a esta realidade, algo que seja pontual e externo. Numa primeira versão, o figuramos pela exclusão, a eliminação da libido — lembram-se que eu disse que no triângulo imaginário, composto pelo Eu, a imagem do espelho e a libido, a personagem principal não é nem o Eu (os olhos que olham), nem a imagem no espelho, e sim a libido que sustenta isso. Ora, esta personagem principal, a libido, é excluída, não aparece. O segundo elemento excluído, é o significante Pai, Nome-do-Pai — é o ponto externo. Neste esquema, o chamamos de Pai, o Nome-do-Pai. No ano passado, o tínhamos situado como o significante S_1 que ex-siste ao conjunto dos significantes S_2. Ex-siste significando que é exterior ao conjunto mas que faz o conjunto depender dele.

O que queremos dizer? Que a realidade não é somente palavras e imagens, mas que, mesmo se estas palavras e estas imagens nos atravessam, ela comporta sobretudo uma dimensão pulsional. A realidade se situa exatamente no mais íntimo da relação — como diria Freud — entre o psíquico e o orgânico. São termos de Freud que não usarei por conta própria, mas que marcam bem este caráter íntimo que eu quero fazer sentir. Tomemos o exemplo, típico na época de Freud, do ataque histérico. *O que é um ataque histérico? É fantasia? É realidade?* O desmaio histérico é o exemplo mesmo de algo que é profundamente fantasístico* é fantasia inconsciente e, ao mesmo tempo, de fato, há um corpo no chão, desmaiado. Isto quer dizer que estamos aí diante de uma fantasia inconsciente materializada num corpo que está deitado, inerte, no chão. A fantasia não é uma imagem na cabeça, mas é algo material, que se manifesta por uma atividade motora, uma paralisia, por alguma coisa no corpo. A realidade é isto: não foi somente o significante que induziu a histérica a desmaiar, não são apenas as imagens que sustentam sua identificação. A realidade para a histérica é mais que todo o circo que gira em torno dela, que

* No original, *fantasmatique*. Adotado o neologismo por conseqüência da tradução de *fantasme* por fantasia. Vide adiante, no Seminário VI, nota da página 97. (N.R.)

ela instalou. A realidade para a histérica é onde ela cai desmaiada. Para falar de realidade é preciso disto.

Em outras palavras, a realidade segue, acompanha, corresponde, é equivalente ao corte que significa o movimento da pulsão para separar o objeto. No caso deste ataque histérico, o objeto pode ser tanto o olhar como a ação motora do músculo. Leiam "Pulsão e destino das pulsões"*, para ver que, para a pulsão sádica, Freud fala do objeto como muscular, em relação à dor. Quero dizer que a realidade é imagens, é significantes, mas também, a realidade é pulsão, exercício de pulsão, é a ação da trajetória da pulsão. E esta trajetória da pulsão tem um movimento bem descrito por Freud sob a forma gramática. Ele usava, para descrever a pulsão, da gramática; a gramática do verbo. Por exemplo, para a pulsão escópica, colocava três termos descrevendo um movimento duplamente circular: olhar, ser olhado, se olhar (Gráfico 3).

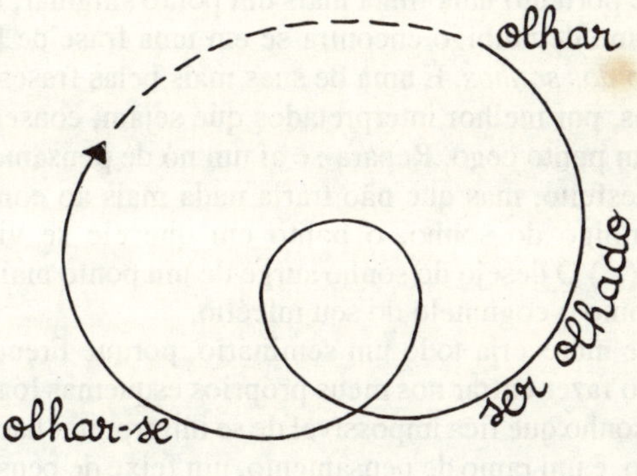

Gráfico 3

Falar de pulsão significa, entre outras coisas, falar deste movimento de duas voltas. Estas duas voltas, eu as exemplifico aí por estes três momentos, olhar, ser olhado e se olhar, mas podem ser exemplificadas de uma outra maneira, sobre a qual retornarei depois. Vocês vêem, eu estou saindo progressivamente da idéia de que a realidade é exatamente o exterior, estou dizendo que a realidade é o "exterior", ou seja, tudo aquilo que é significante e imagem e, ao mesmo tempo, tentando colocá-la no mais íntimo do corpo do sujeito. Estou me

* "Os Instintos e Suas Vicissitudes", Vol. XIV, E.S.B. (N.R.)

expressando pessimamente depois de ter dito há pouco que não há um dentro e um fora. Mas é para vocês sentirem que se quiserem falar em realidade, devem aceitar esta idéia de que é a coisa mais externa e, ao mesmo tempo, mais interna, a tal ponto que não há interno nem externo.

Retorno agora àquele laço. Ele tem a forma de um umbigo, isto quer dizer que é uma linha e é um ponto. É uma linha da qual poderíamos supor que cava a superfície passando por uma singularidade tal, que um organismo-filho se separe de um organismo-parental. Esta é a definição dada por René Thom num texto cujo título é *Estabilidade e morfogénese*. Aí ele formula a teoria das catástrofes e se dedica particularmente à questão do umbigo. O umbigo é uma singularidade, ou seja, um ponto opaco, um ponto irrepresentável. Com relação à singularidade, não se pode senão girar em torno dela. Diz ele que passando por uma singularidade, isto é, girando em volta da singularidade, um organismo-filho se separa de um organismo-parental. O umbigo é portanto uma linha mais um ponto singular, um ponto opaco. Este termo de umbigo encontra-se em uma frase de Freud em *A interpretação dos sonhos*. É uma de suas mais belas frases.

Os sonhos, por melhor interpretados que sejam, conservam freqüentemente um ponto cego. Repara-se aí um nó de pensamentos que não pode ser desfeito, mas que não traria nada mais ao conteúdo do sonho. É o umbigo do sonho, o ponto em que ele se vincula ao desconhecido. (...) O desejo do sonho surge de um ponto mais espesso deste tecido, como o cogumelo do seu micélio.

Essa frase mereceria todo um seminário, porque Freud pensa o que não consigo fazer entrar nos meus próprios esquemas lógicos, que o ponto de um sonho que fica impossível de se intrerpretar não é apenas um ponto opaco, é um ramo de pensamento, um feixe de pensamentos, é um nó de pensamentos. Há aí muitos pensamentos, eles estão entrelaçados demais entre si e, se eu entendo bem, é o ponto mais espesso do tecido. O que é uma coisa curiosa, apesar de tudo, uma vez que, habitualmente, se diria que o ponto irrepresentável é um ponto opaco, singular. Uma singularidade, como eu disse agora há pouco, é, para mim, um ponto irrepresentável, em torno do qual se gira. Para Freud, é diferente: ele diz que há muitas coisas aí dentro, que é muito espesso e que não sabemos desenlaçá-lo. Outra observação interessante a propósito dessa frase. Diz ele que é daquele ponto que surge o desejo do sonho que está, portanto, ligado com o ponto opaco, o ponto umbilical do sonho.

Este ponto, onde estará ele, no corte que desenhei há pouco? Entende-se bem o corte, os dois laços desenhados, mas não se vê bem onde está o ponto opaco. Este ponto opaco, eu poderia apenas representá-lo, de maneira grosseira, pelo cruzamento dos dois laços. Mas insisto em dizer que se trata de uma primeira aproximação grosseira, porque este duplo laço, do ponto de vista topológico, corresponde a um círculo. É como um elástico que é revirado para formar dois laços, mas nem por isso é necessário que os dois ramos dos dois laços se toquem. Portanto, não é uma boa representação do ponto opaco. Farei uma melhor quando falar do esquema R.

Duas ou três pessoas aqui acabam de mostrar interesse pelo livro de Dulaure. Eu também me entusiasmo e gostaria de fazer mais duas citações. Uma é anedótica: o texto é editado em 1805, e fala de foraclusão ao falar de fronteira. Ele diz que *foris*, *forum*, é o que é externo e que estas duas palavras são derivadas de *fur* na língua tudesca, *fors* na nossa linguagem antiga e nos dialetos meridionais, o *fors* da expressão "*fors intérieur*" etc.; e chega a dizer isto: "*forus*, *for*, que significa lei, costume municipal; *for*, *four*, sede ou extensão de uma jurisdição; forca, coluna ou pilar elevado nos limites de uma jurisdição, de um território onde são atados os corpos dos criminosos condenados pela justiça; enfim, as palavras foracluir, foraclusão, ou excluídos do território, donde se fez *forban* (renegado) ou talvez *fourbe* (patife) que têm a mesma origem." É engraçado falar disso em 1805!

E depois, há a outra citação que não é anedótica e que seria uma representação mítica, completamente intuitiva disto que estamos dizendo de maneira talvez um pouco árdua, falando em duplo laço, em ponto opaco da realidade. Finalmente, este duplo laço comporta um traçado e um ponto opaco que não se vêem no esquema que eu fiz há pouco tempo. Este ponto opaco é, obviamente, o significante do Nome-do-Pai, ou seja, o significante que é externo. Aceitem-no assim por enquanto, mais tarde tentarei precisá-lo melhor. Existiria, portanto, uma relação entre o traçado pulsional, isto é, o traçado que vem cortar alguma coisa do corpo e o Nome-do-Pai. Vocês verão depois, se eu chegar até o fim da minha exposição, que faço uma relação correlativa, proporcional, para entender alguns fenômenos que eu chamo de formações do objeto. Chego agora à citação de Dulaure. Ele fala em Saturno e diz: "Se decompuserem as diversas partes desta palavra Saturno, encontrarão: *sat*, que significa pai; *ur*, que significa, em todas as línguas da Europa e da Ásia, beira, redor; e resta *anus*, que exprime círculo. Saturno poderia portanto ser traduzido por: "o pai da beira do círculo". Por que não usar esta figura como figura mítica, mitológica, desta relação que vemos entre o corte e o ponto opaco?

(...)

Insisto: não há um interno e um externo, em se tratando da realidade do ponto de vista do sujeito psicanalítico. Não digo que uma passeata na rua é do externo ou do interno. Não digo que devemos pensar uma revolução como não sendo nem externa nem interna. Digo que, para a psicanálise, a partir da experiência da análise, no trabalho com nossos pacientes, a realidade em questão não tem nem interno nem externo. E isso nem todo o tempo. A realidade é local, isto quer dizer que ela é variante, se abre em determinados momentos e em outros se fecha. Em determinados momentos eu diria que não há esta realidade. Como se não estivéssemos na análise. A realidade é uma realidade absolutamente local.

(...)

Eu dizia, portanto, que a realidade é assimilada ao corte e que este corte é um traçado que comporta um ponto opaco. Direi mais: este ponto opaco regula o traçado. Este traçado, já o apresentamos segundo a versão freudiana, pulsional: olhar, ser olhado, olhar-se. Justamente, este ano, proponho-me — não sei se conseguirei — a sustentar que existem outros tipos de corte, não da mesma maneira que este duplo laço, e que este outro tipo de corte corresponderia a certas formações ou produções psíquicas, certos momentos do tratamento, como uma lesão, por exemplo, como uma ação inaudita — o suicídio —, como uma alucinação. Isto quer dizer que, para certos episódios, eu pensaria que o corte não se produz da mesma forma. Eu dizia, há pouco, a mesma coisa sob uma forma diferente: que a realidade não tem a mesma consistência ou, em outras palavras, que o corte não se traça em dois laços fechados como aquele.

Vejamos, primeiro, qual é este corte normal. Retomemos o esquema R; tenho aí duas ou três questões topológicas para colocar: temos que passar por aí. Primeiro vejamos o que é este corte normal e para isto voltemos ao esquema R mas, desta vez, não como dois triângulos com uma franja de superposição: consideremos o esquema R como um plano projetivo. Esta é a proposta que nos faz Lacan na página 553 dos *Escritos*. O texto onde se encontra o esquema R é um texto antigo de 56; dez anos depois, Lacan faz uma nota na qual diz que este esquema R é, na verdade, um plano projetivo. Eu diria que afirmar isto é animar este esquema. Antes, era um esquema inerte. Dizer que é um plano projetivo é dar-lhe vida, é fazê-lo mover-se, fazê-lo viver, convertê-lo em um ser topológico.

O que é um plano projetivo? É um conjunto de pontos no qual todas as retas de mesma direção, ou seja, todas as retas paralelas, por exemplo, vão-se juntando para cortarem-se no infinito. É portanto um plano, com esta particularidade que nenhum dos outros planos têm:

duas retas paralelas vão cortar-se no infinito. Disto resulta que toda reta deste plano projetivo é uma reta absolutamente particular, pois se vocês supuserem que ela tem duas extremidades, estas duas extremidades se encontrarão num ponto no infinito e se cortarão. Vocês têm aí o porquê da palavra projetivo. De fato, ao verem dois barcos que se afastam, podem imaginar que eles se vão encontrar no infinito. Numa perspectiva, vocês vêem o ponto de fuga da perspectiva como se os dois barcos fossem encontrar-se no horizonte. Se, portanto, vocês consideram uma extremidade da reta, percebem-na cortando-se no infinito, e considerando a outra extremidade da mesma reta, ela também se corta no infinito. Isto faz com que as retas deste plano projetivo não sejam, na verdade, retas como vocês podem imaginá-las e sim círculos, ou seja, linhas que se fecham. E fecham-se num ponto no infinito.

Tal como é, este plano não pode ser representado, não pode ser figurado. Quero dizer que não se pode desenhar o que acabo de descrever: não se pode desenhar uma reta com um ponto no infinito. Isto significa que o plano projetivo é irrepresentável em três dimensões e, portanto, irrepresentável por um desenho que pretenderia ilustrar esta suposta representação em três dimensões. Para representá-lo em três dimensões, procede-se uma série de transformações, faz-se uma torção e chega-se apesar de tudo a uma má figura, irregular, chamada de *cross-cap** que é uma figura topológica clássica.

Quero chegar a isto: o plano projetivo pode também, mas desta vez de forma mais grosseira ainda que no *cross-cap*, ser desenhado como um quadrado com vetores orientados, todos na mesma direção (Gráfico 4).

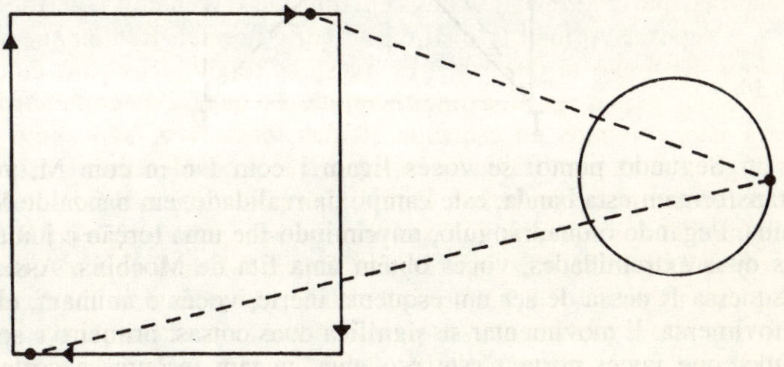

Gráfico 4

* *Chapeau-croisé* no original. Preferimos a expressão inglesa tal como utilizada por Dr. Nasio em seus seminários de 1983 em Salvador. (N.R.)

Não é uma representação do plano projetivo, e sim, apenas um esquema que mostra a importância da orientação dos vetores no mesmo sentido. Este é o ponto ao qual eu queria chegar: o ponto no infinito com o qual as retas vão se encontrar, o ponto no infinito com o qual a mesma reta vai-se encontrar como num círculo fechado, este ponto no infinito é representado neste quadrado por dois pontos opostos, por um desdobramento em dois pontos exatamente opostos, face a face, ambos correspondendo ao ponto no infinito no qual a reta vai se encontrar.

Cheguemos agora ao plano projetivo, ao esquema R. Considerar o esquema R como um plano projetivo significa que todos os pontos dos seus lados são pontos opostos, antípodas (Gráfico 5). i opõe-se a I, m a M; quando digo "opõe-se", quero dizer, contudo, que se trata do mesmo ponto. φ e P são um único e mesmo ponto, se vocês os pensarem a partir do fato de que ambos são elementos excluídos; a libido é excluída do imaginário; o P, significante do Nome-do-Pai, é excluído do simbólico, o que significa que está fora mas que faz o conjunto consistir.

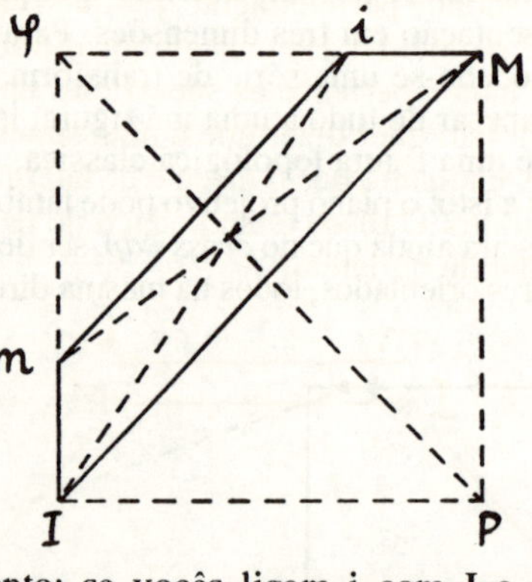

Gráfico 5

Segundo ponto: se vocês ligam i com I e m com M, vocês transformam esta banda, este campo da realidade, em banda de Moebius. Pegando o quadrângulo, imprimindo-lhe uma torção e juntando as duas extremidades, vocês obtêm uma fita de Moebius. Assim, o esquema R cessa de ser um esquema inerte, vocês o animam, ele se movimenta. E movimentar-se significa duas coisas: primeiro e sobretudo, que vocês cortam este esquema, pegam tesouras e cortam o esquema seguindo o traçado destas duas linhas do quadrângulo da realidade (de m para i e de M para I). Eu corto, pego as duas bordas, os dois lados, ou seja iM e mI, faço uma torção e os ligo para formar uma banda de Moebius. Há portanto, aí, várias coisas: primeiro, corte; segundo, torção.

Terceiro, e este é o ponto que me interessa, tudo o que é simbólico e imaginário se perde, vai-se embora. Em outras palavras, se vocês fazem um corte do esquema R como plano projetivo, vocês obtêm uma banda, um disco — que é o que fica, e que aí qualifico como aquilo que resta do simbólico e do imaginário — e um buraco. O objeto *a* é também o disco que se separa...

O interesse da banda de Moebius é que ela não tem um interno e um externo, não tem um direito e um avesso — é sempre a mesma superfície, sem direito nem avesso. Obtenho portanto uma banda. Depois, o resto sai e dele faço um disco. O que significa que isto pode ter diferentes formas e, como o faço aqui, a forma de um pano de prato (Gráfico 6). Que seja um pano de prato, significa que isto corresponde exatamente ao estatuto residual do objeto. O objeto *a* é aquilo que se separa, uma vez que o corte está feito, para constituir a banda de Moebius. Se, portanto, vocês fizerem este duplo laço, daí resultarão duas coisas: de um lado, uma banda, de outro lado, um disco — uma banda de Moebius e um disco que não tem forma alguma. E a palavra pano de prato corresponde perfeitamente, porque vem presentificando, encarnando o que é o objeto *a*. Há uma grande diferença entre a banda e o disco. É que a banda pertence às superfícies unilaterais (que têm apenas uma borda). Isto quer dizer que é uma superfície que não tem avesso nem direito, enquanto que o disco é bi-lateral, ou seja, pode ter um avesso e um direito. O disco é um pedaço de papel, enquanto que a banda é perfeitamente unilateral.

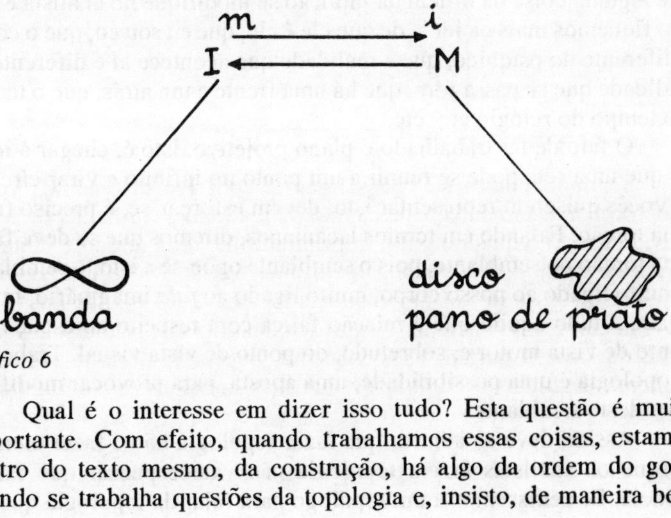

Gráfico 6

Qual é o interesse em dizer isso tudo? Esta questão é muito importante. Com efeito, quando trabalhamos essas coisas, estamos dentro do texto mesmo, da construção, há algo da ordem do gozo quando se trabalha questões da topologia e, insisto, de maneira bem precisa, que estamos hoje, em 1983, diante de um tipo de escolha: ou consideramos que trabalhar a topologia é sofisticação teórica, é capricho de teórico — existem pessoas que assim o consideram — ou a consideramos como uma prática da qual, se a ela nos dedicarmos, conseguiremos obter outras espécies de preconceitos. É a este ponto que eu quero chegar; isto quer dizer que não se trata de excluir a intuição, trata-se de *mudar* nossa intuição. E eu penso que, mesmo se os analistas não trabalham a topologia, de qualquer forma, a intuição que terão os nossos filhos daqui a vinte ou trinta anos, não será a mesma que esta que agora temos sobre o espaço. Façam uma criança de três anos olhar a batalha dos planetas; é extraordinário como a visão dos objetos que passam por cima da nossa cabeça têm uma perspectiva totalmente nova, que nós não conhecemos. Creio que esta criança não terá daqui a vinte anos a mesma intuição que a nossa de hoje.

Dito isto, penso que existem intuições que ficam enraizadas em nós e que ficarão em nós por muito tempo, por um único fato, uma única razão: é que nosso corpo liga-se ao espaço através de relações motoras e visuais e enquanto vivermos o espaço com relações motoras e visuais, certamente haverá uma conseqüência a nível do imaginário, da intuição imaginária. Eu diria que trabalhar a topologia é uma possibilidade, não se tem certeza a respeito; é uma sorte, uma aposta. Talvez trabalhar a topologia possa dar prazer, possa fazer sofrer, talvez, para alguns, constitua uma ostentação. Mas considero que trabalhar a topologia, hoje, significa uma possibilidade, uma aposta de que alguma coisa da ordem da intuição se modifique no analista e que não fiquemos mais na idéia de que ele é ele, que eu sou eu, que o corpo é diferente do psíquico, que a realidade que acontece aí é diferente da realidade que se passa fora, que há uma frente e um atrás, que o tempo é o tempo do relógio etc. etc.

O fato de ter trabalhado o plano projetivo, isto é, chegar à idéia de que uma reta pode se reunir a um ponto no infinito e virar círculo, se vocês quiserem representar isto, devem esforçar-se, é preciso fazer uma torção. Falando em termos lacanianos, diremos que se deve fazer uma torção no semblante, pois o semblante opõe-se a isto, o semblante é muito ligado ao nosso corpo, muito ligado ao *falo* imaginário, muito ligado a tudo aquilo que é relação fálica com respeito ao espaço, do ponto de vista motor e, sobretudo, do ponto de vista visual. Trabalhar a topologia é uma possibilidade, uma aposta, para provocar modificações deste semblante.

Assim, deve-se admitir que fazer topologia não é fazer ciência. Porque os analistas fazem topologia não vamos pensar que fazem ciência. Se pedíssemos a um topólogo para falar da topologia que ele faz, se ele me ouvir falando da banda de Moebius, de *cross-cap* ou do plano projetivo, certamente ficará atento mas, na realidade, há muito tempo ele não trabalha mais sobre figuras. Eles fazem cálculos, escrevem, tudo se passa em topologia algébrica. Isto quer dizer que o que fazemos é pré-história para os topólogos. Se para os topólogos é pré-história, de certa forma, para nós, é vanguarda. Quero dizer que ainda há alguma coisa a se esperar deste trabalho.

Mais uma outra observação que me parece importante, por ser mais precisa, a respeito da psicanálise e da topologia. Ontem perguntei a uma pessoa como era possível que aceitássemos concordar com o conceito de inconsciente, que manejássemos o conceito de inconsciente a torto e a direito, que o fizéssemos nosso, que, às vezes, o trabalhássemos seriamente, que se dissesse que o inconsciente é estruturado como uma linguagem etc., mas quando se trata de figurá-lo, de se ter uma intuição deste inconsciente, estamos muito aquém de onde se chegou do ponto de vista conceitual. Quero dizer que conseguimos aceitar o termo inconsciente, mas, do ponto de vista da representação deste inconsciente, estamos muito atrás. Em outras palavras, se vocês têm uma idéia do que é o inconsciente, se vocês reconhecem este conceito de inconsciente, é necessário, ainda, aceitar que o inconsciente não pode ter uma representação a nível linear. Isto quer dizer que a geometria euclidiana não corresponde em absoluto àquilo que é o processo inconsciente.

O mesmo acontece com a pulsão. Se vocês me perguntarem que imagem tenho da pulsão, respondo que é a que acabei de fazer agora: a pulsão é um trabalho de espiral, uma perfuração. A pulsão trabalha como uma perfuração, o movimento pulsional é um movimento em voltas. Isto corresponde a uma representação geométrica da pulsão, bem como a uma questão física da pulsão, porque esta comporta um movimento pulsional, mais um impulso constante. Há alguma coisa da ordem da energia.

O ponto aonde eu queria chegar — mas é um pouco tarde — é que o objeto *a*, este disco que se separa, o célebre objeto *a*, tem dois estatutos: um estatuto topológico e um estatuto físico. Que significa o fato dele ter um estatuto topológico? Que vocês não podem dar-lhe seu estatuto senão em relação a outros termos, a outras instâncias, o conjunto sendo considerado do ponto de vista topológico. Dizer que o objeto *a* tem um estatuto físico significa que ele tem a ver com um fenômeno de fluxo. Evidentemente, se me pedirem para mostrar um fluxo numa sessão de análise, ou se pedirem a um físico para mostrar um fluxo, na passagem de um líquido, através de uma membrana, ele fará um cálculo. O fluxo não existe, não se vê. O estatuto do objeto é da mesma ordem; eu diria que o estatuto físico do objeto corresponde a um fenômeno de fluxo. Eis os dois estatutos que distingo no objeto *a*: um estatuto topológico (é um disco que cai) e um estatuto físico.

No caso desse último estatuto físico, há uma fórmula de Lacan, muito bonita aliás: "o objeto *a* é o condensador do gozo". Seria preciso trabalhar esta questão do condensador, mas é como se o objeto *a*, com relação ao gozo, fosse algo que regulasse esta dimensão do gozo. Finalmente, o que é o objeto *a*? *É o representante, no inconsciente, do gozo*, isto quer dizer que é a única amostra de um gozo ao qual não temos acesso. O objeto *a* representa em parte o que é gozar. Para vocês entenderem melhor: perder um seio, para uma criança, é, localmente, a representação daquilo que seria gozar, se ela pudesse devorar a mãe inteira, sua mãe. Perder o seio, para uma criança, é, localmente, a representação de um gozo impossível que seria significado pelo fato, por exemplo, de devorar não uma parte, e sim a mãe toda. Gozar localmente de um pouco de corpo é, localmente, a representação daquilo que seria gozar do corpo todo. O objeto *a* é, portanto, uma amostra do gozo, uma testemunha do gozo. E esta testemunha é residual. Eu falava, antes, de pano de prato, vocês riram. Mas olhem para um pano de prato bem sujo, e este pano bem sujo é o representante mais nítido que há do gozo. Os seres falantes não têm outros representantes do gozo — é pelo menos a isto que nos leva a psicanálise — que não *resíduos*. Não há gozo senão depois que tudo acabou, tudo se perdeu. Eu quero dizer pedaços de coisas locais: o objeto *a* tem a ver com o local.

Voltarei a isso na próxima vez, certamente, mas quero ainda observar o seguinte: se o objeto *a* é tudo o que acabei de dizer depois de um corte normal, eu me pergunto sobre o estatuto do objeto *a* no caso de uma lesão dita psicossomática. Em outras palavras, um eczema, um episódio asmático, enxaquecas repetidas; onde há sofrimento local, aí há perfuração local, aí há separações locais que suponho como tendo a ver com o objeto *a*. Questão: quais são as condições próprias dessas lesões, quais são as condições próprias da ação que uma passagem ao ato significa (há também objeto *a* onde o corpo todo se torna objeto *a*), quais são aquelas condições, que há de diferente entre isso e a fantasia de um neurótico? Este é o ponto que trabalho atualmente e verei se posso dizer mais a respeito, da próxima vez.

SEMINÁRIO III

28 de fevereiro de 1983

Este ano, sob o título de "formações do objeto *a*", tento colocar o problema desse momento, no tratamento, quando o paciente *faz sem saber o que faz*. São momentos nos quais o paciente age, faz, enquanto que as formações do inconsciente são aquelas onde o paciente *diz sem saber o que diz*. O acento, nas formações do objeto *a*, é colocado no *fazer*; nas formações do inconsciente é posto no *dizer*. Entre o conjunto das formações do objeto *a*, o protótipo é a fantasia e sua articulação matricial, que é a da relação do sujeito com o objeto. Foi neste ponto que ficamos na última vez. Usamos a topologia, o esquema R, para mostrar como, depois do corte, se separa um sujeito e um objeto. Um sujeito que é uma banda, a banda de Moebius, e um objeto que é um disco que eu tinha qualificado de pano de prato.

Que podemos deduzir disso? Que esta relação do sujeito com o objeto define a realidade em psicanálise. Que a realidade não é somente significantes e imagens, que ela é muito mais do que isso: ela é a *conjunção de um sujeito e um objeto*. Eu o tinha formulado de outra maneira na última vez: para que haja realidade, é necessário que algo do corpo se perca, que se separe. Outra condição era que houvesse um ponto opaco, exterior àquela realidade. Essa realidade é o equivalente da fantasia, a tal ponto que poderíamos perfeitamente dizer que *a realidade em psicanálise, é a fantasia*. Além disso, essa realidade deve ser colocada no limite; ou melhor, ela é o limite — não voltarei àquilo que já dissemos da última vez. Ela é o limite, isto significa que a realidade, finalmente, segue o corte que passa entre o sujeito e o Real. Este corte entre o sujeito e o Real, a forma clássica deste corte, é o trajeto da pulsão e este trajeto tem a forma de um duplo laço. Lembrem-se do que eu disse quando lhes dei o exemplo da pulsão escópica: olhar, ser olhado, olhar-se.

Lacan propõe que, em vez de se dizer: olhar, ser olhado e olhar-se — aliás, olhar-se é olhar seu corpo, olhar seu membro genital, olhar seu sexo. A pulsão acaba assim: olhamos, somos olhados e acabamos olhando para nós mesmos, olhamos para nosso umbigo. A armadilha é que, quando olhamos para nosso umbigo, nós mesmos nos tornamos olhar, isto quer dizer que olhar-se é equivalente a ser olhar. Lacan, para marcar isso, propõe a seguinte fórmula: fazer-se. Fazer-se o quê? Fazer-se olhar, fazer-se voz, fazer-se cocô, fazer-se seio etc... Portanto, a realidade fantasia é uma realidade do fazer, é o fazer, mas o fazer a ser entendido como fazer-se. Insisto neste fazer, porque é aí que se vai decidir a questão das formações do objeto *a*.

Lembro agora uma coisa que não tive tempo de concluir da última vez: esse corte, finalmente, separa um disco que é o objeto e uma banda de Moebius que é o sujeito. Este objeto, o famoso objeto *a*, tem três estatutos — a cada ano dou-lhe definições diferentes. Desta vez, proponho caracterizá-lo por três aspectos: com relação ao *corte*, com relação ao *gozo* e com relação ao *desejo*. Com relação ao corte, o objeto *a* é o que se separa, é o pano de prato, é o olhar enquanto vai embora, é a voz enquanto agoniza, é o seio enquanto se perde, enquanto desmamado, são as fezes enquanto caem. O objeto *a* no seu estatuto topológico implica que não há estatuto do objeto sem que haja um corte que o separe.

Com relação ao gozo, lembro primeiro que há três gozos, mas esta noite falarei apenas de dois deles. Há o gozo enquanto o Real do qual somos separados e, depois, há gozos locais, gozos parciais. O objeto *a*, com relação ao gozo, enquanto Gozo Real, enquanto Gozo infinito, o objeto *a* é uma amostra do Gozo. Porém, será mais que uma amostra? Tomemos de novo o exemplo do pano. O interesse do pano de prato, se ele está bem sujo, é que é o vestígio de que se gozou: alguém gozou com este pano, ele porta os restos de um gozo.

Mas o que me parece mais interessante — se eu tiver tempo este ano, tentarei abordá-lo — é que o objeto *a*, com relação ao gozo, tem sobretudo, não um estatuto topológico, mas sim um estatuto físico. A expressão, a palavra que me ocorre, é a de condensador de Gozo. Imagino o objeto *a* como algo que regula a relação que temos com um Gozo infinito. Entre mim e o Gozo infinito, há meus restos. Estes restos regulam a relação que tenho com este Gozo outro. Pode-se aplicar, do ponto de vista físico, a idéia do condensador, ou seja, a idéia de alguma coisa que se carrega, progressivamente, sob certas condições e, num determinado momento, se descarrega subitamente. Há uma questão de velocidade, de urgência, da qual falarei depois. Este é o estatuto físico do objeto com relação ao Gozo.

Ainda com relação ao Gozo, o objeto, neste mesmo estatuto físico, é também o que resulta do fato que o fluxo da pulsão é um *fluxo constante*, como supõe a teoria freudiana. Isto quer dizer que quando a pulsão intervém graças ao seu circuito, o fluxo é constante ao redor do orifício da zona erógena. É um fluxo constante ao redor do ânus, por exemplo, e existe na física um teorema que fala do fluxo constante que faz uma rotação, o teorema de Stocks. Portanto, três referências do ponto de vista físico com relação ao Gozo: como condensador do Gozo, como resultante de um fluxo constante da pulsão e, terceiro, como sendo a testemunha, a amostra desse Gozo.

Depois, enfim, o terceiro estatuto do objeto é o estatuto do objeto como falta, como buraco, com relação não ao Gozo e sim, desta vez, com relação ao desejo. O que significa dizer que o objeto *a* é um objeto falta do desejo? Isto quer dizer que cada vez que na vida do adulto intervém a pulsão, que algo se separa, tendo a ver com a pulsão, com o objeto pulsional clássico, com as espécies que facilmente reconhecemos — o objeto, o seio, a voz etc. — cada vez que um desses objetos se separa, trata-se, na verdade, de uma reatualização, de uma renovação de uma falta primeira. Acontece que cada vez que a voz é perdida, voltamos à primeira falta, não no nível cronológico, mas a uma espécie de falta antecedente do ponto de vista lógico; esta falta é a falta de ter nascido mortal. Com a vida, o feto encontra-se enfrentando também a morte e é esta falta que vai se reatualizar cada vez que a pulsão estiver em jogo. É por isso que se diz que cada vez que uma pulsão parcial, local, está em jogo, é a pulsão de morte que se reatualiza.

Mas esta separação pulsional local atual que renova uma falta primeira apenas a renova com uma condição: que o sujeito encontre o desejo do Outro. Em outras palavras, quando a criança é desmamada, lhe é lembrado, lhe ocorre que nasceu mortal e que, um dia, vai morrer. Mas esse desmame só se pode fazer com a condição de que também haja uma mãe desejante. Se vocês quiserem, temos este circuito: (Gráfico 1).

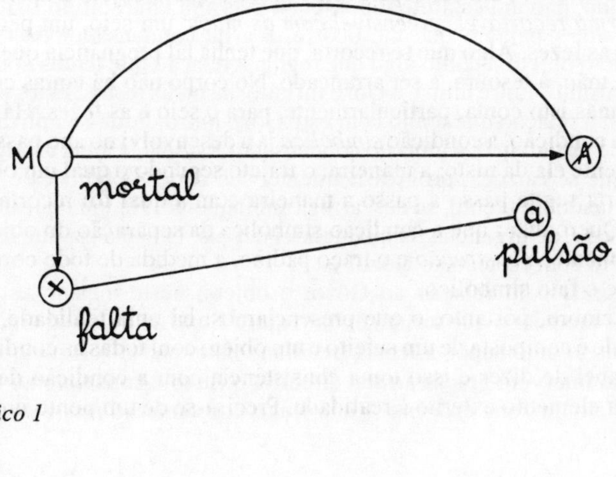

Gráfico 1

Há a falta primeira, o desejo do Outro: o sujeito encontra o desejo do Outro e se produz a falta da pulsão. A falta primeira é: somos mortais. O desejo do Outro se manifesta também sob a forma de um buraco (a mãe deseja e está insatisfeita). É na medida em que o sujeito encontrar a insatisfação da mãe, que ele poderá se desmamar, por exemplo. O objeto *a* é essa falta.

Essa questão que parece abstrata, não sei se vocês conseguem vivenciá-la com relação à experiência da análise, mas entra constantemente em jogo na experiência da análise e nisto particularmente: se o analista não toma o lugar daquele que deseja, não haverá meio para que o sujeito faça sua própria experiência de se deparar com a falta. Se vocês me perguntarem onde há desejo na experiência da análise, eu responderei que há desejo na experiência da análise, desde que de início haja desejo do analista. Ora, vocês verão quando falarmos das formações do objeto *a* no nível das lesões de órgãos, isto é, das afecções psicossomáticas, que se colocará a questão de saber se há desejo do Outro.

Eis os três estatutos do objeto *a*: estatuto topológico, estatuto físico e estatuto como falta. Mas esse objeto precisa de três condições para separar-se e vir a ocupar esses três estatutos: uma condição real, uma condição imaginária e uma condição simbólica. A condição *real* é que haja, no corpo, *zonas erógenas*, isto é, orifícios; precisa-se de bordas. Para falar de objeto *a* ao nível do trajeto da pulsão, é preciso falar das condições reais dos orifícios, seja a fenda palpebral, a laringe, o ânus, ou a boca. Segunda condição, a condição *imaginária*: ela conta sobretudo no que diz respeito ao seio e às fezes mas não em relação à voz e ao olhar. A condição imaginária é a paisagem orográfica do corpo, o *relevo*. Para ser separável, é preciso que o objeto *a* apresente uma *forma recortável, preensível com as mãos*: um seio, um pênis, e mesmo as fezes. Algo que se recorta, que tenha tal pregnância que faça apelo à mão, à tesoura, a ser arrancado. No corpo não há tantas coisas assim, mas isto conta, particularmente, para o seio e as fezes. Há uma terceira condição, a condição *simbólica* já a desenvolvi no ano passado. Finalmente ela dá nisto: a maneira, o trajeto segundo o qual um objeto se recorta segue passo a passo a maneira com a qual foi recortado o pênis. Quero dizer que a condição simbólica da separação do objeto *a* é, finalmente, a *castração* e o traço padrão, a medida de todo corte do corpo, é o fato simbólico.

Lembro, portanto, o que presenciamos: há uma realidade, esta realidade é composta de um sujeito e um objeto com todas as condições que acabei de dizer e isso toma consistência com a condição de que haja um elemento externo à realidade. Precisa-se de um ponto umbilical, um ponto negro fora da realidade, precisa-se de um significante excluído. Este significante excluído é o Nome-do-Pai. Eis a preliminar para podermos passar agora a falar de maneira mais precisa das formações do objeto *a* e particularmente das afecções psicossomáticas.

Parto da idéia de que entre as formações do objeto *a*, existem aquelas para as quais falta esta condição primeira de um significante que se encontre fora. O significante esperado como elemento externo à cadeia não veio à luz no simbólico. Trata-se aí daquilo que definimos, à nossa maneira, como a foraclusão. Distingo, portanto, *três tipos de formações*: as formações do inconsciente, onde o Nome-do-Pai define a consistência e as formações do objeto *a*, entre as quais haveria dois tipos, aquelas onde a condição do Nome-do-Pai se mantém (a fantasia) e aquelas onde a condição do Nome-do-Pai não se mantém. Eu tinha dado três exemplos: a alucinação, a lesão de órgão e a passagem ao ato.

Digo foraclusão mas, na verdade, a expressão que Lacan utiliza quando fala para dar conta do caso psicossomático é *emassamento** do par significante S_1 e S_2 com ausência de recalcamento primordial. Isto quer dizer que, no nosso caso, o significante necessário para que a realidade se mantenha — um significante fora — não está aí. Não há significante externo, não há Nome-do-Pai, não há significante que ex-sista para que a realidade consista.

Porém, aquelas formações do objeto *a* nas quais o Nome-do-Pai não veio, está excluído, mas que, pelo contrário, ficam aglomeradas à cadeia, estas formações onde há foraclusão também são realidades. É por isto que, este ano, iniciei pelo tema da realidade e do Real: eu queria fazer sentir que formações como uma passagem ao ato, uma alucinação ou mesmo uma afecção psicossomática têm realmente uma realidade que lhes é própria, que é totalmente consistente, mas que não têm esta condição de um significante externo à realidade. São realidades limites. É um limite particular. Por isso falarei de *patologia do limite*, de patologia da fronteira. A questão que devemos colocar é de saber qual é a posição do analista diante dessas formações, diante destas produções psíquicas que sobrevêm no decorrer do tratamento e que dizem respeito ao fazer, à ação, à lesão ou à alucinação. Reconheço, portanto,

* *Prise en masse* no original. Adotamos o neologismo derivado do verbo emassar no sentido de *converter em massa*. (N.R.)

três formações do objeto *a* que têm como pressuposto a falta da exclusão do Nome-do-Pai, isto é, três formações onde haveria como mecanismo condutor a foraclusão. Essas três formações, insisto, são a alucinação, a passagem ao ato e a lesão de órgão. Poderíamos também chamá-las de realidade alucinatória, realidade de órgão ou realidade de ação. Vou falar das afecções psicossomáticas mas, antes, um intervalo.

(...)

Oferecer-se para ser visto é se oferecer enquanto se torna, a si próprio, olhar, enquanto se transforma, identifica-se ao objeto em jogo aí, na pulsão. Ora, toda fantasia é uma fantasia perversa — não há fantasia que não seja perversa. O que não significa que o sujeito que fantasia seja, ele mesmo, um perverso. Em geral, o sujeito que fantasia é um neurótico que sonha em ser perverso. A perversão, na fantasia, consiste sobretudo em tornar-se o objeto que está em jogo na fantasia. A perversão é a identificação do sujeito com o objeto em jogo. Na fantasia há a ação. Se vocês falarem de um caso e tiverem que tirar dele a fantasia em um determinado momento do tratamento, é preciso um fazer, é preciso um verbo. Ora, este fazer, esta ação acaba sempre levando o sujeito a identificar-se com o objeto em jogo na ação.

Tomemos o famoso caso do Homem dos Lobos: ele olha os lobos pendurados na árvore. O sujeito, nesse sonho que, entre parênteses, é tomado como um exemplo de fantasia por Lacan (faço esta precisão porque de outra vez me perguntaram como entender o fato de que eu incluo o sonho no conjunto das formações do objeto *a*, enquanto normalmente se diria que o sonho é uma formação do inconsciente. Deixo esta questão para mais tarde). Em todo caso, eis um exemplo no qual Lacan, para ilustrar a fantasia, toma como exemplo o sonho do Homem dos Lobos para concluir que o objeto em jogo na fantasia é o olhar. O Homem dos Lobos é o próprio olhar, é o olhar único resultante dele mesmo olhando os lobos e dos lobos olhando-o. Entre ele e os lobos destaca-se um só e único olhar ao qual se identifica o sujeito. É assim que se deve compreender o "fazer-se", quer dizer, fazer-se objeto, fazer-se fezes, fazer-se olhar, fazer-se voz etc.

No caso de um suicídio, de uma defenestração, o que podemos dizer do sujeito? Ele faz-se o quê? No caso de uma lesão de órgão, ele faz-se o quê? Um paciente está em análise e, depois de dois anos, começa a me dizer que está com eczema nas mãos; depois, este eczema estende-se ao rosto; mais tarde ele vem com um curativo na mão porque o eczema se tornou motivo de infecção. O dermatologista não sabe o que responder. Questão: que tipo de formação psíquica será esta? Qual é o lugar do sujeito? Qual é o lugar do objeto? Estamos diante de uma fantasia? Estamos diante de uma formação psíquica que não a fantasia? Esta é a questão. Mais ainda: o que se deve dizer, o que se deve fazer como analista? Em que medida a transferência determinou, favoreceu este aparecimento? Eis o que tinha a dizer a respeito do "fazer-se". Penso que este "fazer-se" é típico da fantasia e que aí se encontra o aspecto perverso da fantasia. Mas, nas três formações do objeto *a* — a passagem ao ato, a alucinação e a lesão de órgão — há outra coisa que este "fazer-se", há mais do que isto. Voltarei ao assunto.

(...)

Podemos nos pôr de acordo sobre o vocabulário. A pulsão de morte, afinal, tem duas formas. A pulsão de morte em Freud levava ao inanimado. Com Lacan, é exatamente o inverso: pulsão de morte implica a vida, a mais vital que exista. Pulsão de morte sob sua primeira figuração, em Lacan, significa: que isso se repete, que isso não cessa de se repetir, que não cessamos, enquanto vivemos, de falar, de simbolizar e de repetir — seja repetir criações, seja repetir sintomas. A pulsão de morte é: isso não pára nunca, é, eu diria, o que se pode melhor definir como vida.

A segunda figuração da pulsão de morte não é somente o "isso não cessa de repetir-se até a última gota" — como se diz: beber até a última gota —, mas a pulsão de morte também tem separações locais, perdas parciais. Cada perda parcial é uma reatualização da pulsão de morte. Isto, ao contrário, é muito freudiano: Freud dizia que a pulsão de morte se reduz ao conjunto das pulsões parciais, cada pulsão parcial representando, por sua vez, a pulsão de morte. Podemos retomar esta segunda figuração de outro modo. Em vez de dizer que cada pulsão parcial reatualiza a pulsão de morte, preferi dizer que cada objeto que se separa reatualiza o fato que somos seres sexuados e, ao mesmo tempo, mortais. Mas não somos apenas seres sexuados e mortais — isto, um animal também o é —, somos seres sexuados, mortais e *sabemos* que somos mortais. Cada vez que há uma separação do corpo, alguma coisa desta ordem se renova.

O exemplo mais arrebatador para esclarecer o que estou dizendo é o suicídio. Não nos precipitemos, há vários tipos de suicídios, falo aqui do suicídio do tipo desvairado. Acredita-se que se decide um suicídio; mas não se decidem todos os suicídios. Existem suicídios que não são absolutamente decididos; nestes casos, existe apenas uma coisa para o sujeito: é sair do corpo, ir-se embora, deixar o corpo. Eu diria que um desvario pode ser pensado — talvez numa maneira um pouco rápida de dizê-lo — como uma volta brutal, violenta, àquela primeira falta que constitui o fato de termos nascido mortais, isto é, que com a vida, a morte está aí; há a vida, mas com a vida vem a morte, ambas vêm juntas. É uma figura para marcar a presença da pulsão de morte a cada vez que há uma separação. Sei que "primeira falta originária" não é exatamente a melhor maneira de dizê-lo — é por isso que eu dizia agora há pouco que não se trata de uma primeira falta cronológica. É uma falta que paira, uma falta de uma antecedência lógica (ela é primeira logicamente). Não se trata, num suicídio, de voltar ao útero, mas a falta por ter nascido mortal é uma falta que paira.

Mas eu dizia há pouco que, para que esta falta seja reatualizada em uma separação parcial e atual do corpo, há uma condição necessária, ou seja, que haja alguém junto a você que deseje. O caso típico é o da criança que descobre que sua mãe está impotente, está insatisfeita etc..., tudo o que pode ser dito a respeito do Outro desejante. É na medida em que a criança descobre que o Outro deseja, que poderá, por sua vez, desejar sob a forma de um objeto que lhe retornaria como falta. Falta originária que não é a primeira, falta do Outro enquanto desejante e constituição de uma nova falta que é a falta de desejo atual do sujeito. Lacan chama isto de superposição de duas faltas: a falta do sujeito e a falta do Outro.

É na perspectiva que dei há pouco, na primeira parte, que consideramos o caso das afecções psicossomáticas, o que eu chamo a realidade de órgão. Saliento que estamos nos interessando pela realidade de órgão na medida em que ela nos parece exemplar para colocar o problema de uma nova consistência e não de uma falta de consistência. Pois, habitualmente, quando se trata de psicose ou de doenças psicossomáticas, ocorre imediatamente a idéia de que há um déficit, há uma falta, há uma dissociação. Insisto, pois penso que se deve pensar ao inverso, tanto para a psicose como para as doenças psicossomáticas. Devem ser pensadas como algo criativo, como algo novo que toma consistência. A segunda razão pela qual estas afecções psicossomáticas me interessam é o fato de que apesar de surgirem como limites, como realidades limites da experiência analítica, elas surgem muito mais freqüentemente do que se acredita.

De passagem, respondemos assim à crítica que nos faz a dita Escola Psicossomática de Paris — é o pessoal do Instituto — que nos acusa de evitar falar da afecção psicossomática, sob o pretexto de que *psiquê* e *soma* não passam de um remendo. Claro que é apenas um remendo! É por isso que todos os autores, estejam ou não de acordo entre si, concordam em dizer que é uma má expressão.

Antes de esclarecer sobre o estatuto do paciente psicossomático, do corte e do objeto e antes de colocar as questões que me restam, gostaria de fazer três observações preliminares. Primeira observação: não acredito que as afecções psicossomáticas e as doenças em geral sejam as mesmas hoje que as da Idade Média por exemplo, e que a única diferença seja que, naquela época, não se as descobria. Pelo contrário, o corpo em geral e a lesão de órgão em particular são exatamente correlativos ao aparecimento de tal instrumento feito para detectá-los ou de tais remédios destinados a tratá-los. Quero dizer que há uma doença própria em cada época da ciência. Um câncer do esôfago, por exemplo, constitui, talvez, uma outra afecção desconhecida deste mesmo órgão mil anos atrás. A ciência não é apenas experimentação, cálculo, equação, escritura; a ciência é também aparelhos, instrumentos, produtos, drogas, em suma, objetos que estorvam e violentam o corpo, e cada corpo tem uma época correlativa à época da ciência. Pensem, por exemplo, nos rins, nos olhos, nos pulmões artificiais, pensem nas vozes que inundam o espaço sonoro, pensem nos trilhões de olhares reunidos num único feixe de cabo de televisão. Quero dizer que o corpo é como que estilhaçado; este corpo não é o mesmo que aquele de mil anos atrás. Nosso corpo não é mais o mesmo, ainda que tenha a mesma forma. Minha idéia é que as lesões do corpo de hoje (digo isto pelo menos para determinadas lesões), não existiam antes, são lesões próprias exatamente a uma determinada época.

Segunda observação: a dicotomia cartesiana do pensamento e da extensão pressupõe um corpo unificado e puro. Freud não escapou a esta dicotomia e o conceito de conversão histérica é o exemplo disto. De fato, conversão quer dizer a conversão de uma representação em alguma coisa do corpo. Eu diria que o conceito de conversão traz em si o germe da dicotomia cartesiana, corpo/alma, e a psicossomática clássica deriva dessa dicotomia. Como nos libertar dessa dicotomia, como evitar a discussão sobre a questão de saber se é a alma ou o corpo que predomina, se é necessário pensar a totalidade etc. Nós temos outra posição: partimos de novo da experiência, partimos daquilo que vemos e ouvimos dos nossos pacientes, e o que ouvimos e vemos é, primeiro, que o corpo não está estendido no espaço, que o corpo é uma coisa que se suporta, que o corpo é uma coisa que se sofre, que se experimenta, que se gasta, que se desgasta. O corpo é um lugar de *gozo*. Gozo quer dizer isso: o máximo de tensão, o máximo de gasto, o máximo de exigência do corpo. Gozo significa dor, desgaste. É isso o corpo com o qual temos a ver na análise. Um corpo que nos aparece como sendo nosso e como não sendo nosso. Meu corpo é meu e não é meu; é um corpo que é meu na medida em que o outro que está em frente remete para mim minha imagem; aí é meu. Mas o lugar onde o corpo não é meu é o corpo quando goza; aí ele me é totalmente exterior. É o que dizíamos da última vez, ao falar da libido como excluída do campo, mas dando consistência à realidade. Em outros termos, em vez de fazer passar o eixo entre a alma e o corpo, entre a psiquê e o corpo, fazemos este eixo passar entre um corpo que goza, ou seja, entre o Gozo e a linguagem, entre um gozo maltratado pela linguagem. O corpo é maltratado pela linguagem, mesmo se esta linguagem toma a forma de um aparelho de televisão, mesmo se esta linguagem toma a forma de um medicamento. Este corpo é maltratado pelo simbólico, e o melhor representante hoje dos objetos que violentam e que maltratam o corpo, isto é, que o marcam por este gozo, são os objetos da ciência, é a parte estorvante da ciência, como se os progressos científicos tivessem se desvairado.

Terceira observação: desde que se trata de Gozo, tal como o concebe a psicanálise, estamos, sem sabê-lo muito bem, na dimensão ética. Isto é óbvio com a doença em geral, e as somatizações em particular. Vocês me ouviram falar, desde o início, de separação, de desapego de perdas, de Gozo, de gasto; tudo isso não é defeito, não é negativo, não é buraco a menos, tudo isto, esses gozos, eu os considero no sentido de algo produtivo, no sentido da falta, sim, mas da falta porquanto vai-se em frente. Uma lesão de órgão não é um déficit ou um defeito, é um engendramento. Lacan mostra que a palavra separação vem de *separare*, engendrar; separar é engendrar; mesmo se às vezes este engendramento é monstruoso, mesmo se se trata de um delírio, de uma alucinação, é positivo, não é algo negativo. A teoria de Lacan não é uma teoria do negativo. Na minha maneira de pensá-la, de concebê-la e de trabalhá-la, o negativo que se encontra em Lacan é um negativo excêntrico; e, já que é um negativo excêntrico, é um negativo produtivo, é algo que sai, algo que avança, algo que deixa rastro. Uma doença não é sempre um defeito, um déficit.

Explico-me melhor e, para isto, sirvo-me do conceito de *saber*. Um exemplo: uma mulher de 40 anos na qual se acaba de descobrir uma hipertensão essencial. O médico declara que é freqüente, aos quarenta anos, na mulher particularmente, uma hipertensão essencial, quer dizer, da qual não se conhece a etiologia. A hipertensão essencial, desde que se trata de classificar as doenças psicossomáticas, é uma das doenças psicossomáticas mais clássicas, juntamente com a asma e a úlcera. A questão: que é uma doença psicossomática, uma hipertensão essencial, por exemplo? Será uma forma de saber? Para que me entendam melhor, tomemos o exemplo do lapso. É mais fácil aceitá-lo. Um lapso é uma forma de saber? Um lapso é um dizer que o sujeito diz sem saber o que diz. E é a partir desta constatação que se constrói a noção do inconsciente como saber. Por que saber? Porque o sujeito diz sem saber o que diz, mas com esse dito, o sujeito remete a um outro lapso, quer dizer, o sujeito, com este dito, dito sem que saiba, faz três coisas: primeiro, ele anuncia simplesmente que haverá um outro lapso, que haverá uma outra formação do inconsciente — ele anuncia que vive, que o inconsciente na transferência é posto em ato. Segundo, com este lapso, ele aprende. Se alguém está num impasse, no decorrer da análise, comete um lapso que vem quebrar o impasse, como que abrir, abrir o inconsciente. O lapso, uma palavra que ele diz sem saber o que diz, esta palavra soube relançar a cadeia. Terceiro, este lapso surpreende o sujeito e lhe ensina alguma coisa. É isto que permite dizer que um lapso, se realmente é um dito que o sujeito diz sem saber o que diz, comporta em si o reverso, o avesso de um saber inconsciente.

Falemos agora da lesão de órgão. Podemos dizer dela a mesma coisa? *Uma lesão de órgão comporta um saber?* Eu diria que se tomarmos essa formação como sobrevinda numa conjuntura particular, por exemplo, na qual o Outro encerra e aliena o sujeito, então sim, a lesão de órgão é, de fato, uma forma de saber, saber do Isso, como Groddeck teria dito. Saber o quê? Eu responderia: saber separar-se justo a tempo. Tal paciente vem me ver porque tem uma paralisia facial da metade esquerda do rosto. Vê-se pouco este tipo de coisa. É um exemplo de conversão histérica, não é uma lesão de órgão; mas eu o tomarei para me perguntar se, com isto, ela soube alguma coisa. Quero dizer: será que esta paralisia chegou justo a tempo? Eu responderia sim. É uma separação justo a tempo, como se o corpo soubesse que precisava, naquele momento, viver esta prova. Isso me lembrou o que diz Nietszche: "sabemos o que a consciência pode, mas não sabemos em absoluto o que pode um corpo" ou "até onde pode ir um corpo". Uma lesão de órgão é, certo, uma operação sofrida e dolorosa, mas ela é fundamentalmente libertadora. É como uma alforria, quase como uma oportunidade de afrouxar a prisão da alienação significante, a de ter de se repetir, até a última gota, como dizia antes. Essa separação é uma separação que pára, é uma parada. Uma doença, quando nos leva à imobilidade, não podemos dizer que ela nos força a voltar à matriz do corpo? Claro que não se trata do útero, nem do ventre da mãe, e sim de reatualizar a primeira falta que significa o fato de ter nascido mortal.

A lesão de órgão é um retorno urgente à terra, uma reatualização urgente da fonte inexistente — porque não foi verdadeira, não existe — das nossas separações.

Mas esse retorno não passa, como é o caso na fantasia, pela intermediação do desejo do Outro, ou não passa pelos objetos que nos ligam àquele desejo. Geralmente, o desejo do Outro toma no sujeito a figura habitual da pergunta "por quê?" ou da pergunta "o que ele quer de mim?" Quero dizer que se marca o desejo do Outro quando se o olha e se diz: "por quê?" ou quando se pergunta: "que ele quer de mim?" Essas duas perguntas são duas formas, simplesmente formas, figuras (pode haver outras) do confronto do sujeito ao desejo do Outro. Aqui, na lesão de órgão, ou, pelo menos, no desencadeamento de uma lesão, é como se não houvesse o tempo para perguntar-se: "por quê?". A lesão, a ação (penso na passagem ao ato), ou a alucinação não respondem ao porquê, elas aparecem como certezas de ser. Isso coincide aliás muito bem com o tipo de narrativa pelo qual se caracterizam os pacientes psicossomáticos. Diz-se que os pacientes que sofrem lesões de órgão têm uma narrativa pobre em metáforas, uma narrativa onde não se interrogam, uma narrativa vazia.

Aqui se encontra uma questão, que é uma das questões que me faço e lhes faço: *qual é o lugar do desejo na lesão de órgão?* No texto de Lacan que citei no ano passado — dia 28 de junho —, dizia ele que, nos casos das afecções psicossomáticas, o desejo era preservado. Eu me pergunto sob qual forma este desejo é preservado. De fato, quando há desejo do Outro, há essa figura das perguntas das quais falei há pouco, mas os objetos em jogo são fundamentalmente o olhar e a voz — Lacan distingue o olhar como o objeto do desejo ao Outro e a voz como o objeto do desejo vindo do Outro. Aqui, no caso da lesão de órgão, qual é o objeto em jogo? Não é a voz, não é o olhar. É como se o desejo fosse preservado, claro, mas como se ele tivesse levado mais longe, muito longe, a barreira contra o gozo. A fantasia é uma barreira contra o gozo; é aí onde entra em jogo o olhar, a voz, as fezes, os seios. Aqui não estamos mais no nível da fantasia. Numa passagem ao ato, não estamos mais no nível da fantasia; numa passagem ao ato, numa lesão de órgão, numa alucinação, o desejo está aí, mas ele leva mais longe ainda a barreira contra o gozo. É como se o sujeito gozasse de uma outra maneira, com outros objetos — não mais as espécies típicas que acabamos de descrever e que fazem parte de todas as fantasias dos neuróticos. Será ou não uma fantasia?

As interrogações que me faço são, portanto, as seguintes: primeiro — com relação a que objetos entra em jogo o desejo do Outro no caso de uma lesão de órgão? Quais são os objetos em jogo? Segunda questão: se há um desejo do Outro, há questões que digo como vindas do Outro, mas sempre há uma manifestação do desejo do Outro sob a forma de um apelo. Qual é o tipo de apelo que faz com que o sujeito se descubra um dia com um eczema na mão? Será um apelo do analista? Uma má intervenção? Será um apelo que o sujeito ouviu em outro momento da sua vida e que reaparece aí com certas condições de uma conjuntura particular? Quero dizer: qual é este tipo de apelo que faz com que o sujeito não seja levado a fantasiar ou a fazer um sintoma e sim que seja levado a fazer uma passagem ao ato, ou uma alucinação ou uma lesão de órgão? Estas são as duas questões que coloco esta noite.

Da próxima vez, continuarei trabalhando os caracteres respectivos do sujeito da formação do inconsciente, do sujeito da fantasia e do sujeito das formações do objeto. Agora espero suas perguntas.

(...)

Digo mais precisamente que o exemplo que dei há pouco, de paralisia da parte esquerda do rosto, não é um exemplo de paralisia histérica. Isso depende, se pudermos aí marcar em que conjuntura de desejo se produziu esta paralisia. Segundo, se ela apareceu e desapareceu em certas ocasiões — por exemplo, quanto tempo demorou esta paralisia e de que maneira desapareceu? Quando digo "de que maneira", é preciso entender "com quem?" Eis a única coisa constantemente em falta nos textos sobre a psicossomática: não se fala da *transferência*. Insisto: só me interesso pelas doenças psicossomáticas que tenham surgido ou desaparecido no decorrer do tratamento. Não é que esteja excluindo todas as outras; é porque, se quero avançar, devo colocar primeiro uma condição essencial: a da transferência. É a única maneira de podermos dar um passo a mais — pensar constantemente a relação do analista com o paciente como já o fizemos nos anos passados.

(...)

Justamente, a hipótese de formações do objeto *a* é uma maneira de opor meios diferentes que temos para gozar. Temos, afinal, dois meios de gozar: com palavras, com significantes, com símbolos e isso são sintomas; ou se goza com partes do corpo e isso se chama fantasia. Mas existe uma terceira maneira de gozar, e isso me interessa particularmente esta noite: são as formações que não se limitam aos objetos da pulsão que enumerei há pouco, mas onde se encontra uma aproximação outra do corpo, que faz com que não sejam necessariamente destacáveis os objetos da pulsão. Em outras palavras, o desejo, como eu dizia antes, levou para mais longe a barreira do gozo. Portanto, se você quiser, há três instâncias: o sintoma — eu coloquei no quadro o exemplo do ato falho que, mesmo se não é absolutamente um sintoma, é um exemplo de formação do inconsciente — a fantasia, na qual o sujeito é apagado e, enfim, as três formações do objeto *a*: a lesão, a alucinação e a ação nas quais o sujeito não tem a mesma relação com o objeto que no caso da fantasia. O sintoma é primeiro um *dizer*, a fantasia é um *fazer* e a passagem ao ato é uma *ação*.

(...)

Eu diria primeiro que à injunção lacaniana da qual você fala — "o ato retira da angústia o que esta tem de certeza" — segue outra que lhe lembro: "a angústia é o que não engana". Portanto, Lacan diz que a angústia é o que não engana, mas há um ato que *retira* esta certeza da angústia e agora é o ato que não engana. Isto está perfeitamente de acordo com meu modo de pensar, com a diferença de que não uso a palavra ato. Prefiro guardar esta palavra, de que gosto muito, sobre a qual trabalhei muito, utilizei muito e que é, para mim, um certo privilégio. Prefiro preservar esta palavra ato e, estranhamente, conservá-la para um dito. Para mim o melhor exemplo de um ato é *um dizer bem dito*, no momento certo, onde era preciso — um bom exemplo de ato é a interpretação. Eu diria, ao contrário, que se trata naquela frase de ação: a ação retira da angústia o que ela tem de certeza. Em outras palavras, a ação está aqui no sentido de um agir. É preciso ainda dizer, como preliminar, que a análise poderia ser definida como o lugar onde os procedimentos, o agir está suspenso. O que não quer dizer que não haja fatos da ordem do agir. Mas a regra fundamental leva a "aqui não se age". O que não impede, às vezes, de ver o paciente agir, este procedimento não sendo algo negativo, criticável, ou, pejorativo. Quero dizer que não se deve afirmar em demasia que os *acting out* são coisas ruins para a análise. Existem sempre nos tratamentos.

(...)

Eu dizia, há alguns instantes, que uma lesão de órgão é o ponto mais afastado aonde o desejo leva a barreira contra o Gozo. Para a sublimação, esta definição não é, afinal, ruim — salvo que eu não usaria o mesmo termo, barreira. Poder-se-ia também dizer: o desejo leva ao mais longe a possibilidade de gozar. O tema sublimação poderia de fato servir para mostrar o contraste entre as formações do objeto e a sublimação.

(...)

A fórmula que me ocorreu foi "levar ao mais longe a barreira contra o gozo", fórmula que pode ser perfeitamente traduzida por esta: "levar ao mais longe a maneira de gozar". Você vê que eu uso o termo Gozo com um sentido duplo: "levar ao mais longe a barreira contra o gozo", esta barreira contra o gozo é também uma maneira de gozar localmente. Com efeito, o melhor obstáculo contra o Gozo é gozar localmente, parcialmente.

(...)

A questão que me é colocada é a seguinte: o que é que faz com que o desejo faça este movimento de levar ao mais longe e que é o lugar, neste caso, do desejo do Outro? Se eu tivesse uma boa resposta a esta questão, estaria muito mais avançado do que estou atualmente. É como se você me perguntasse: que é que faz com que essa mulher venha a ter uma hipertensão essencial? Se eu, em posição de analista, me faço esta pergunta, é na medida em que se pudesse detectar uma conjuntura própria. Primeiro, uma conjuntura ligada à transferência, mesmo se alguém me dissesse: por que não pensar que esta hipertensão essencial é a volta no Real de um apelo do Outro, feito quando ela era criança? Aliás, os analistas podem perfeitamente fazer esta hipótese. Eu diria: talvez. Mas o ponto de partida ao qual me apego é, sobretudo, em quê interveio a transferência. Seria a primeira resposta que eu me daria. A segunda resposta seria, por exemplo, falar da ação da angústia. Ou seja: houve, ou não, angústia no lugar onde ela se desencadeou? Isto nos remete à questão do desejo do Outro. O que resta ver, e é esta a minha questão final, é qual a forma que toma este Outro, por que meio ele faz apelo. Não é um apelo próprio da fantasia. Suponhamos uma fantasia na qual está em jogo o olhar: o apelo fundamental do Outro é que ele está lhe olhando. No caso de uma lesão deste tipo, não há terceiro que lhe está olhando. É isto que constitui o problema: não há um Outro que lhe faz apelo sob a forma de um olhar; não há um Outro que lhe faz apelo sob a forma de um murmúrio, de um pensamento-murmúrio, de uma voz. Não é totalmente uma voz, não é um olhar, não é necessariamente anal, mesmo se podemos fazer interpretações, como se faz em certas concepções, dizendo que uma úlcera é de origem oral etc. Não penso que uma úlcera seja de origem oral. Creio que a úlcera não tem nada a ver com a pulsão oral. Se vocês olharem os textos clássicos sobre as doenças psicossomáticas, pensadas ou trabalhadas pelos psicanalistas, verão que todos fazem sempre referência à mãe, pulsão oral etc. Não tenho resposta precisa para dar, mas isto não me satisfaz. Em outras palavras, fico nesta questão: quais são os objetos outros que não os pulsionais? E segundo: qual é o tipo de apelo que este Outro formula?

SEMINÁRIO V

13 de março de 1983

Deixo propositalmente de lado as reações somáticas, duráveis ou não, ligadas a uma emoção sentida pelo sujeito, e apenas examino, como lesões de órgão, as que surgiram repentinamente, desapercebidas pelo sujeito, sem me preocupar em distinguir se elas são funcionais, transitórias ou permanentes. Se tomo o exemplo da hipertensão essencial, não são os clímax hipertensivos que me interessam, e sim a própria doença. Interessa-nos, portanto, apenas a realidade, ou seja, o campo da realidade no qual a lesão de órgão é o elemento separado que caiu, separação e queda inscrevendo-se como clausura desta realidade, à maneira de um umbigo que a vincularia ao Real.

Vocês vêem que uso os conceitos de realidade e de Real para evitar todas as dificuldades nas quais se cai quando se quer abordar a questão da psicossomática sob o ângulo de uma alternativa funcional/lesional, alma/corpo, ou psique/físico etc. Prefiro utilizar o trabalho que fizemos até hoje para dizer que o que nos interessa é a realidade, mas uma realidade na qual a lesão de órgão é o elemento que cai e se inscreve como o umbigo próprio dessa realidade, o umbigo designando o ponto pelo qual a realidade se liga ao Real. Se se pensar desta maneira, ao invés de se dizer que na hipertensão, por exemplo, encontra-se uma lesão arterial, portanto, um deslocamento da matéria orgânica, eu diria que o Real é mordido e que a mordida constitui, ela mesma, a realidade.

Utilizar o termo realidade possui também uma outra vantagem (aqui retorno às observações preliminares que fiz da última vez): se uso o termo realidade, eu o incluo ou o torno equivalente à realidade da análise. Em outras palavras, a lesão de órgão é a separação ou a queda da realidade enquanto é quêda e separação da realidade dentro da análise. Nas quatro observações preliminares que fiz da última vez, havia uma que dizia: interessamo-nos pelas lesões de órgão tão-somente na medida em que elas se apresentam no quadro da transferência analítica — preciso deste preâmbulo para manter um eixo, sem o qual nos perderíamos no emaranhado da psicossomática. A hipertensão interessa-me no lugar onde eu a escuto, onde o paciente me fala.

Digamo-lo agora de outra forma. Que falamos até agora sobre a realidade? Que ela é unívoca, local e sempre nova, isto é, renovada por clímax, que ela se abre com um significante e se fecha com a queda de um objeto. Ora, esta realidade é a realidade psicanalítica, ela se desenrola dentro do quadro da análise. Precisamos, portanto, hoje, especificar esta realidade onde a queda não é um olhar ou uma voz em jogo na experiência da análise, não é um presente no sentido do objeto fecal, mas uma lesão de órgão. Importa-nos marcar em que difere a consistência dessa realidade, da realidade da neurose, por exemplo. Precisaremos, assim, nos interrogar sobre a ordem simbólica, sobre a ordem imaginária e depois sobre o corte, o objeto e, enfim, sobre o sujeito.

Comecemos pelo simbólico e o imaginário. Poderíamos nos ter contentado em dizer como Lacan, em 1955: "As reações psicossomáticas estão ao nível do Real" (seminário nº 2, janeiro de 1955). Poderíamos ter ido mais adiante e precisar que o que não veio à luz do simbólico (eu não digo rejeitado do simbólico) reaparece no Real sob a forma de uma lesão de órgão. Vou tentar ir mais adiante e esclarecer melhor esta frase. Parto, com efeito, da hipótese de que a foraclusão, em particular, a foraclusão do Nome-do-Pai, é o mecanismo da formação de uma lesão no organismo. Pode-se, aliás, de maneira mais geral, considerar também a foraclusão do Nome-do-Pai como a lógica determinante da alucinação e da passagem ao ato. Alucinação, lesão de órgão e passagem ao ato são as três formações que chamo de "formações do objeto *a*".

Quando digo que a foraclusão do Nome-do-Pai é o mecanismo de uma lesão de órgão, não significa que a realidade seja caótica e que o sujeito seja psicótico. Vocês bem o percebem, eu localizo a foraclusão.

Com efeito, nestes dois últimos anos, tornou-se, para mim, cada vez mais claro que é preciso localizar o mecanismo da foraclusão. Destaco assim, como Freud o fazia, um mecanismo que não exclui os outros: pode haver uma foraclusão do Nome-do-Pai que provoque uma lesão de órgão, o que não exclui que haja recalcamento, denegação etc... Em outros termos, falar da foraclusão como mecanismo local é uma maneira de dizer, ainda, que a realidade que nós abordamos, a da lesão de órgão, é uma realidade *local*. Esta pessoa, hipertensa desde há um ano e meio sem motivo aparente, vê com espanto que diagnosticam uma hipertensão importante cuja origem não se pode encontrar. Isso é uma realidade, uma realidade local que não impede que haja realidades outras, neurótica, perversa etc...

A foraclusão do Nome-do-Pai significa — e esta é uma outra maneira de dizer — que, no caso da realidade-lesão de órgão, não há significante excêntrico à cadeia nem ponto singular opaco em volta do qual se ordenaria a nova realidade. Esse significante que não é excêntrico, nesse caso é amalgamado, solidificado com a cadeia. É a expressão que já trabalhamos, do emassamento* do par S_1-S_2.

Para mim, duas questões importantes e difíceis se colocam esta noite. Eis a primeira: como se traduz clinicamente esta foraclusão determinante de uma lesão de órgão? Com dois fatos clínicos. Primeiro, se vocês tiverem presente o que adiantamos no ano passado sobre o Pai e o Nome-do-Pai, entenderão que o primeiro fato clínico facilmente observável na experiência é que, para esta realidade da lesão de órgão, a ascendência genealógica do paciente não ascende nem descende conforme as ramificações da árvore da filiação significante. Quero dizer que não há filiação segundo os encadeamentos significantes. A filiação circula no nível das lesões orgânicas. Em suma, a filiação do Nome-do-Pai torna-se *filiação do objeto*. Retomemos o caso da hipertensão: essa mulher não somente me falou do fato de que sua mãe também era hipertensa desde a mesma idade que ela, como também, o que me chamou mais atenção, que tinha sido criada, durante toda a sua juventude, por uma avó paterna que ela viu, em uma cena horrível, quase morrer por um espasmo da glote. É como se entre a visão desta cena horrível e a hipertensão, houvesse um vínculo, podendo ser compreendido à primeira vista, como uma relação de espasmo a espasmo. Portanto, primeiro fato clínico: uma filiação de objeto substituiu a filiação do Nome-do-Pai.

O segundo fato clínico diz respeito à *conjuntura desencadeadora* da lesão de órgão. Vocês se lembram de que, no ano passado, distinguimos o recalcamento da foraclusão usando a diferença entre o apelo e o retorno, tendo o apelo, no caso da foraclusão, uma consistência heterogênea à do retorno. Aqui, o retorno é a lesão, ou seja, uma variação brusca, súbita, inscrita num órgão, sem remeter a nada senão a ela mesma — voltarei a este ponto. Mas que apelo é capaz de induzir,

* Ver nota à p. 47.

de desencadear a lesão? Foi com esta questão que encerramos a última vez: como entender a lesão de órgão, a partir de que apelo do desejo do Outro e de que objeto? O apelo é o significante que abre a realidade e a lesão, o objeto que a fecha.

Esse apelo não é um significante no sentido de um elemento discreto, associado a outros da mesma natureza. Trata-se de um apelo de tipo informe, maciço, tanto no nível do som como da imagem. Trata-se de uma enunciação pura na qual o sujeito é implícito: não há enunciado nem *shifter* no enunciado, isto é, não há enunciado no qual se ouve dizer "eu" ou "tu", nem há *shifter* relacionado ao tempo. Trata-se de *enunciações puras*, quero dizer, sem sujeito do enunciado. O exemplo mais claro de uma enunciação pura é um *grito*, e particularmente um grito de dor, um pedido de socorro, uma injunção, uma intimação, condensada em uma ou duas palavras ou, ainda, emissões de sons entrecortados, emissões inéditas, ruídos estranhos ou inquietantes, frases que se repetem, sem sujeito. Outro dia, uma mãe, completamente neurótica, dizia-me ter percebido que no decorrer do dia, repetiu vinte vezes ao seu filho: "apressa-te"; eis, para mim, uma enunciação do tipo injunção: o sujeito não está aí e ela não é destinada a ser ouvida.

Freud concebia a fantasia constituída justamente de coisas ouvidas e o sonho, de coisas vistas. Eu diria que o que acontece aqui é da mesma ordem, salvo que estas coisas ouvidas ou vistas não são elementos recortados, mas elementos maciços, estranhos. Lacan lhes dá o nome de holofrases, frases condensadas, (Seminário I): "Há frases, expressões, que não podem ser decompostas e que dizem respeito a uma situação tomada no seu conjunto. São as holofrases". Acrescento que estas holofrases são ligadas à *necessidade*, ao corpo. Foi por isso que dei o exemplo do grito, do pedido de socorro — é preciso que haja uma relação nitidamente estabelecida com uma *necessidade*.

Mas não basta, para falar dos apelos que podem provocar lesões de órgão, falar dos apelos maciços, condensados, de sons e imagens; não basta dizer que intimidam ou ameaçam. É preciso dizer, sobretudo, que são *apelos fascinantes*, capazes de estupefazer, paralisar o sujeito. O exemplo mais conhecido disso é a paralisia diante dos olhos penetrantes da Medusa. Pode-se também ilustrar com a ajuda da etologia animal: há borboletas capazes de assustar e paralisar os predadores abrindo as asas sobre as quais desenham-se magníficos e fascinantes ocelos. Roger Caillois, em *Medusas e companhia*, descreve de maneira magnífica um daqueles fenômenos miméticos: o acelo não fascina tanto pela sua semelhança com os olhos como pela sua forma de círculos concêntricos fascinantes. Para ele, o inseto não fascina o predador porque tem olhos como a coruja, mas paralisa com círculos concêntricos de cores contrastadas. Trata-se, portanto, na sua opinião, de uma estrutura: é a estrutura do círculo que é capaz de ter uma ação sobre o organismo do outro.

Isso me remeteu ao célebre texto lacaniano do estádio do espelho que considero como uma mina para entender o fenômeno das lesões orgânicas. Aprende-se nesse texto que o estádio do espelho é o lugar de um drama que consiste nisto: há um impulso que vai da insuficiência orgânica da criança prematura à imagem antecipadora — isso a maioria de vocês o sabe. Mas, estudando bem esse texto e pensando nas lesões de órgão, eu me perguntei por que não pensar o inverso, por que não dizer que esse impulso é de duplo sentido, e que *uma imagem antecipadora ultrapassando as possibilidades receptivas do sujeito pode provocar uma insuficiência orgânica, seja uma paralisia, uma descoordenação motora, uma lesão ulcerosa ou uma hipertensão?* Neste ponto, ficamos na conhecida tese de que as doenças psicossomáticas se dão ao nível do *narcisismo*. Mas isto parece-me uma afirmação geral demais que proponho melhor detalhar dizendo que não se trata de qualquer imagem: é preciso uma imagem maciça, antecipadora, e isso não quer dizer que o sujeito seja um bebê, ela pode ser antecipadora mesmo para um adulto.

Resumindo: o apelo maciço e fascinante, mistura de som e de imagens, introduz uma lesão de órgão que tem a mesma consistência que ele. Foi dito que, para o recalcamento neurótico, o apelo é simbólico, assim como o retorno; e que, para o recalcamento do Nome-do-Pai, pensando-se na alucinação, o apelo é simbólico, e o retorno no Real. Esta noite, penso, afinal, considerando-se de perto as suas características (maciço, fascinante e antecipador), que este apelo é da mesma consistência que a lesão. Quero dizer que o apelo e o retorno têm ambos uma consistência, não-simbólica, também não-real, e sim uma consistência fantasística. Voltarei a isto ao fim da minha exposição.

(...)

Sua pergunta coloca justamente o seguinte problema: no ano passado eu pensava que o apelo é ou uma palavra, ou um sintoma de alguém, ou o nome de alguém, com este apelo (sob essa forma) provocando um retorno de uma outra consistência. Não voltarei à palavra consistência — é preciso para entendê-la, pensar no nó borromeano. O que agora me parece importante é ver que, frente a uma lesão de órgão, não se deve apenas procurar esses três tipos de apelos eminentemente simbólicos, mas também uma outra lesão de órgão, com a condição de que se trate da mesma linhagem, ou seja, que se trate de uma lesão de órgão dentro de uma mesma família, de uma mesma linhagem genealógica. Dou ainda uma melhor precisão: não se trata também de encontrar a mesma doença, trata-se das fantasias... Para mim, das três coisas que acabo de dizer, dos apelos eminentemente simbólicos, dos apelos fantasísticos absolutamente idênticos no retorno, é o terceiro tipo de apelo que é o mais importante. No exemplo da mulher hipertensa que acabo de dar, o importante não é que sua mãe tenha sido também uma hipertensa, mas é perceber aquela cena no curso da qual a avó gritava que engasgava. Para mim, esta cena e aqueles gritos têm mais a ver com sua hipertensão que a hipertensão da mãe. Não se trata, portanto, simplesmente de um apelo maciço. É preciso que *o sujeito esteja estupefato por algo que seja ligado ao desejo do Outro*, mesmo que este desejo se manifeste sob a forma de uma fantasia. Eu digo fantasia para fazer entender que se trata de alguma coisa da mesma ordem que a lesão de órgão, mesmo se não é exatamente uma lesão de órgão. Para dar outro exemplo, uma lesão de órgão pode ser o retorno de um apelo que foi uma passagem ao ato. Voltarei mais tarde sobre este problema do deslocamento do apelo e do retorno de mesma consistência.

Trata-se agora de saber duas coisas: em primeiro lugar o que é que torna um órgão até então indiferente à pulsão e, conseqüentemente ao desejo, a sede de uma lesão? É o velho problema, em psicossomática, da *escolha de órgão*. Em outros termos, como um órgão ou uma parte de órgão não tendo lugar definido no campo imaginário, e também não sendo uma superfície de borda orificial, pode estar interessado pela pulsão? Segunda pergunta: em quê a lesão — um espasmo, uma necrose ou uma hemorragia — é um objeto que incluiríamos na série dos objetos pulsionais, recortados conforme determinadas características, que desenvolvemos no decorrer dos dois primeiros seminários, ou seja, conforme certos traços de borda, mas, sobretudo, conforme uma gramática do verbo? Eu dei o exemplo do olhar: o objeto-olhar não se separa senão conforme a gramática do verbo olhar.

Para continuar com as diferentes partes da pulsão, como entender o que acontece com o impulso da pulsão? Na pulsão, o impulso é constante, com a condição de que a superfície sobre a qual o fluxo circula seja uma superfície com uma borda fechada, portanto, com a condição de que haja orifícios. Ora, no caso da lesão, não temos aparentemente superfície de borda fechada e o impulso não me parece ser constante; pelo contrário, ela está mais de acordo com as mudanças de ritmos biológicos. Quero dizer que o impulso da pulsão é constante, enquanto que os ritmos da vida são mutáveis, descontínuos e, mais ainda, os da doença.

Mas não se coloca apenas a questão de saber se a lesão é um objeto. Há também o problema da dor, pois a dor é um objeto, é um tipo de objeto *a*. Mas é um tipo de objeto cuja fonte não é um órgão orificial, mas um tecido.

Para voltar à questão da lesão como objeto: seria preciso inventar uma espécie de gramática da lesão e, talvez haja, para cada uma das lesões, um verbo que possamos transformar para ver se esta lesão responde à condição com a qual nós caracterizamos o objeto da pulsão. Essa idéia é para se considerar, para ser experimentada.

Como Freud responde à primeira questão concernente à escolha de órgão? Freud só se interessa pela questão da lesão de órgão ao falar da histeria. Em princípio, os textos de Freud que dizem respeito à psicossomática são limitados, muito pobres. Para dar conta da escolha de órgão ele propõe duas variantes: pode haver uma exageração erógena de um órgão que já estava à disposição das pulsões sexuais, até se tornar um órgão genital. O exemplo típico que ele dá é o do olho, da cegueira histérica: o órgão olho sofre, no caso da cegueira histérica, tais modificações humorais, que a estase ou a inchação lembram as de um órgão genital em excitação. Mas estamos aí diante de um órgão que já é, em si, a fonte de um objeto pulsional bem definido: o olhar.

Mas a questão se coloca para os órgãos que não estão, habitualmente, à disposição das pulsões sexuais. Freud propõe, pensando ainda na histérica, a expressão de zona histerógena atípica ou artificial, para dar conta de lugares do corpo, órgãos ou não, que se encontram erotizados. Dá como exemplo, entre muitos outros, o da dor de coxas de Elizabeth Von R. Ele dá uma interpretação sobre a qual não vou me deter, e define esta dor de coxas como sendo um exemplo típico de uma zona histerógena artificial. Mas há constantemente em Freud a idéia de que estas zonas histerógenas artificiais são criadas por uma exacerbação, uma intensificação, uma exageração da libido. Isso até levou alguns a falarem de *excesso de libido*, expressão com a qual, como vocês verão, não concordo.

Como Lacan se sai desta questão? Ele faz duas observações que podem guiar-nos. Por uma parte, ele propõe no Livro 2, conceber os fenômenos de erogeneização de um órgão inédito como um sincretismo, uma indistinção entre a fonte da pulsão e o objeto. Diz ele, então, que se trata, neste caso, de auto-erotismo, o objeto e a fonte sendo idênticos. Mais tarde ele adota uma outra posição — eu diria que "desdramatiza" a questão — ele nos propõe que as zonas outras que não as zonas erógenas pulsionais definidas, que reconhecemos como tais, que Freud teria chamado de artificiais, são lugares dessexualizados, porém, assim mesmo, submetidos ao desejo. Por que não?

Podemos tirar desta resposta de Lacan um corolário importante: se dissermos que a zona erógena é submetida ao desejo, mas dessexualizada, podemos pensar de imediato que ela é submetida ao desejo do psicanalista. Seria uma maneira de dizer que pouco importa que a zona ou o órgão seja ou não sexual, mas que, a partir do momento em que essa lesão — mesmo se for de órgão inédito, artificial — é colocada em questão dentro da análise, ela é conseqüentemente submetida ao desejo do psicanalista. Toda a questão coloca-se assim: há o apelo, há o retorno, e o que fazemos com o analista? Como o analista deve receber a lesão de órgão? Vemos como ela se produz, digo que tentamos ver seus circuitos, mas resta a questão de saber como recebê-la.

Dou às duas questões que coloquei há pouco, duas respostas, totalmente provisórias, como vocês bem o imaginam, cujo único alvo é que possam mais tarde ser reintroduzidas. Primeiro uma resposta absolutamente abstrata mas que talvez os faça pensar: um órgão, quando o possuímos, determina obrigações, deve-se usá-lo. Se me pedissem para definir um órgão, eu responderia que é esta parte do corpo que nos embaraça e para a qual não há outra solução, senão fazê-la trabalhar. Por que não pensar que o que está a mais, em excesso, é o órgão, e que é preciso encontrar-lhe uma função, mesmo que essa função não seja absolutamente necessária, e seja até mesmo nociva. Proponho mudar os termos deste sistema de regulação entre libido e órgão e, em vez de dizer, como faria Freud, que há um excesso de libido em um órgão que deve ser drenado, por que não dizer o inverso? *Há um excesso de órgão que exige libido*. Por trás desta proposição que lhes faço está implicada a questão do *condensador*, o conceito de condensador em eletromagnetismo.

A segunda resposta a respeito da escolha de órgão retoma aquilo que dissemos antes a propósito do apelo e do retorno. Afirmamos que é um deslocamento, uma transmissão fantasística de um corpo a outro dentro de uma mesma linhagem. Isto é, que o objeto extraído do corpo de um sujeito, desloca-se e enxerta-se no corpo de um outro. Porém, enunciar as coisas desta maneira é ruim, porque nos faz pensar o corpo como uma entidade individual. Digamos melhor que a lesão de órgão é o objeto único que fecha a realidade de um entre-dois pulsional.

Neste ponto, gostaria de fazer algumas observações. Primeiro: as leis desses deslocamentos e, por conseqüência, da escolha do órgão e da lesão devem, talvez, ser pensadas ainda mais uma vez, com o exemplo do mimetismo, mas, desta vez, de um mimetismo que se passasse dentro da mesma família, do mesmo gênero, ou da mesma espécie. Roger Caillois e Lucien Chopar dão o exemplo de uma borboleta fêmea que toma a mesma forma, a mesma cor e adota o mesmo comportamento que uma borboleta fêmea pertencente a um outro gênero, mas dentro da mesma espécie, enganando assim as borboletas machos e até os cientistas que tentavam estudá-la. Deixo de lado o fato de que se trate de fêmeas... Roger Caillois descreve três tipos de mimetismo: o disfarce, a camuflagem e a intimidação. A respeito do disfarce, que é o caso que acabo de dar, ele diz — o que me parece muito importante para nosso assunto — que se trata de toda uma transformação do corpo de um animal, a respeito da qual, perguntamos para que serve afinal — aparentemente não serviria para nada. Há um grande debate entre as pessoas que trabalham sobre este problema, alguns afirmando que o mimetismo tem uma utilidade na luta pela vida, na seleção natural ou, ainda, para espantar os predadores etc... Outros dizem que o mimetismo não tem nenhuma finalidade e que pode ser mesmo nocivo — como é o caso da lesão de órgão. Isso quer dizer que transformar-se em outrem atrai mais facilmente o predador do que ficar no aspecto habitual.

Segunda observação: a filiação do Nome-do-Pai transforma-se em filiação do objeto *a*. Isto quer dizer que, no lugar do Pai, aparece a lesão e, mesmo transformando-se os termos, se pensarmos na confusão que haveria entre o Pai e a lesão, isto é, entre o significante do Nome-do-Pai e o objeto *a*, isto remete àquela confusão que haveria entre o ideal do Eu e o objeto *a* que define o fenômeno hipnótico. Com efeito, Freud, em *Psicologia das massas e análise do Eu*, descreve, analisa a hipnose como sendo uma amálgama entre o Ideal do Eu e o objeto da pulsão. No caso que estou tentando mostrar, dizer que a filiação do Nome-do-Pai se transforma em filiação do órgão, do objeto, tem uma *raisonance** com esta questão da hipnose.

Enfim, a relação Pai/lesão lembra a hipótese de Pankow. Gisela Pankow escreveu dois textos sobre a psicossomática. Sua hipótese é a seguinte: haveria nos pacientes psicossomáticos uma correspondência entre zonas de destruição na imagem do corpo e zonas de destruição na estrutura familiar. Friso que, para ela, a imagem do corpo não é somente imaginária, mas também simbólica. Ela aproxima-se mais do

* *Raisonance* no original, uma condensação das palavras *raison* e *resonnance*. (N.T.)

nosso conceito de realidade efetiva — imagens e palavras — que da mera imagem do corpo como a entendemos habitualmente. Ela fala de zonas de destruição na imagem do corpo, o que podemos traduzir por zonas de destruição na realidade. Haveria portanto uma correspondência entre os buracos na realidade e a falta de Nome-do-Pai, os buracos na estrutura familiar.

Da próxima vez abordarei o que me resta neste mapeamento, isto é, a questão do sujeito. Mas eu faço questão agora, sobretudo, de ouvi-los.

(...)

Ao dizer que há um deslocamento, uma errância, um enxerto do objeto dentro da mesma descendência, eu, evidentemente, estou marcando aí um quadro simbólico no qual transita este deslocamento. Quando falo de descendência, quero dizer que, para certas ramificações, o Nome-do-Pai se mantém. Faço o seguinte esquema: um sujeito, em termos pulsionais, é um conjunto de realidades que o compõem; há uma multiplicidade de realidades, há um emaranhado de realidades, como também de pulsões e, para determinada pulsão, isto é, para determinada atividade, para determinado exercício pulsional, há um emassamento do significante ou, se quiserem, uma foraclusão. Mas o paciente reconhece que sua mãe é sua mãe, ele conhece muito bem a sua história. Não é o caso do paciente esquizofrênico com quem é preciso fazer todo um trabalho sobre sua ascendência, fazendo-o retroceder na sua história, refazendo-a com ele. Aqui, na lesão de órgão, o mapeamento genealógico é perfeitamente estabelecido. Porém, houve algo da ordem de um apelo de tipo fantasístico na origem dessa lesão que consideramos como da mesma natureza.

A fórmula que me ocorreu da última vez era que o desejo leva para o mais longe possível a barreira contra o Gozo. Dizer, por exemplo, que a doença psicossomática ou a lesão de órgão é Real, é falso. Não há, em toda a realidade de um sujeito, Real ao qual ele tenha acesso. Cada vez que ele toca o Real, isso muda — toca-o, e isso torna-se realidade, e o Real se desloca. Portanto, *uma lesão de órgão não é Real, é uma realidade* — uma realidade singular, local, própria, porém, apesar de tudo, uma realidade. Se transformarmos, portanto, o termo Real pelo termo Gozo, Gozo do Outro, como Gozo infinito, nunca estamos ao nível desse Gozo infinito — penso sobretudo no problema da sublimação, do êxtase etc. Mas deixemos isso de lado, fiquemos nas lesões de órgão. A lesão de órgão é a barreira mais longínqua na qual um desejo pode ser uma defesa contra o Gozo. Mas não é Gozo infinito. É ainda e sempre um gozo local, totalmente diferente do gozo local que se encontra em uma fantasia perversa, por exemplo, ou ainda em uma atuação perversa.

É a mesma diferença que se encontra entre o *acting out* e a passagem ao ato. O *acting out* diz respeito ao mostrar. Para explicá-lo, Lacan usa a metáfora do teatro: no *acting out*, o sujeito sobe ao palco, se mostra, e assim, transforma os espectadores em objetos e a ele também. Na *passagem ao ato*, o sujeito sobe ao palco, mas o cenário queima, o teatro está em chamas, ou ainda, se quiserem, um verdadeiro cavalo atravessa o palco, ou Molière morre no palco, cuspindo sangue verdadeiro. A passagem ao ato é sangue verdadeiro, chamas verdadeiras. Ou ainda, para retomar o exemplo que dá Lacan, o sujeito sobe para o palco e cai no buraco do ponto*. No outro caso, o sujeito sobe no palco e se mostra. Quero dizer que, para a conversão histérica e a lesão de órgão, temos o mesmo exemplo. Na conversão histérica, estamos presenciando algo que tem a ver com o mostrar: é simbólico, mas é sobretudo para ser mostrado. Enquanto que na passagem ao ato, atravessa-se o cenário, parte-se o cenário, não há mais teatro. Na lesão de órgão isso também queima de verdade.

É por isto que o *acting out* corresponde mais à articulação da fantasia e a passagem ao ato à uma articulação que se assemelha mas não é a da fantasia. Eu distingo três instâncias: o sintoma, a fantasia e as formações do objeto *a*. O sintoma se define pelo fato de ser tanto um signo como um significante — um significante que remete a um outro; a fantasia, pelo fato de que o sujeito se identifica com o objeto do qual se separa, e as formações do objeto *a* — uma lesão, uma ação ou uma alucinação —, pelo fato de que o sujeito não se separa da mesma maneira deste objeto como no caso da fantasia — o corte não é o mesmo. No caso da ação, da alucinação ou da lesão, mais ainda do que com a fantasia, eu situo as coisas no mínimo entre dois corpos, entre dois sujeitos. Quero dizer que eu penso que estas três instâncias psíquicas são o retorno, em um sujeito, do desejo em um outro, e que o corte não é o mesmo que no caso da fantasia.

A posição do sujeito, portanto, não é a mesma no sintoma, na fantasia ou nas formações do objeto *a*. O sujeito, no sintoma, divide-se entre ser este sintoma e, ao mesmo tempo, o sujeito a vir a ser em todos os sintomas que vão se repetir. O sujeito, na fantasia, eclipsa-se,

* "*Souffleur*" no original, aquele que "sopra" para auxiliar a memória dos atores. (N.R.)

esconde-se atrás do objeto — identifica-se com o objeto do qual se separa e esconde-se. O exemplo mais extraordinário disso é a vergonha, o pudor. No caso das formações do objeto *a*, o sujeito não é apagado nem eclipsado, é um sujeito entrincheirado na lesão, é o *sujeito-lesão*. A posição do sujeito é totalmente inédita, é outra, como no caso da alucinação onde o que importa é que o objeto que o sujeito alucina, a voz que ele ouve é uma voz que lhe é dirigida. Não se trata tanto de uma percepção falsa, como do fato de que o objeto não olha senão ele. E este tipo de amálgama, de identidade entre o sujeito e este objeto que concerne a ele tão-somente, é próprio das formações do objeto *a*.

(...)

O senhor coloca a questão da relação entre três enunciados, o do desejo do analista, o do desejo que leva o mais longe possível a barreira contra o Gozo e a questão do excesso de órgão. Reúno os três sob uma mesma questão, sobre a qual eu passei, com efeito, sem parar, e que é uma questão que lhes faço também: como, enquanto analista, receber a lesão de órgão, isto é, receber aquelas formações nas quais o sujeito é o sujeito do Isso, o sujeito do silêncio das pulsões, o sujeito do retorno? A frase "onde isso era, eu devo advir" implica o circuito que vai do apelo ao retorno e que volta. É como se essa frase devesse ser traduzida por "onde havia um sujeito puro, o sujeito das pulsões, o sujeito sem 'eu', sem nenhum elemento que venha a designá-lo, aí eu devo advir." O destino é voltar ao lugar do sujeito do Isso. Pois, uma lesão de órgão é uma maneira, para o sujeito, de apressar seu retorno, de se apressar em retornar a este lugar primeiro do sujeito do Isso. É um pouco o que eu queria dizer da última vez ao falar da separação e da pulsão de morte: toda separação é uma maneira de colocar em jogo a pulsão de morte. Mas a separação de um órgão lesado é uma separação que pareceria levar o sujeito ao seu ponto de partida, onde isso era, que não é um verdadeiro ponto de partida. Em outros termos: adoecer de um órgão é uma maneira de se *apressar em cumprir seu destino*. Onde isso era, eu devo advir depressa, "depressa" significando: com urgência — e com urgência significa "metendo bronca". Como? Com o *corpo*. É um pouco isso que se deve entender enquanto analista, quando alguém lhe diz: "o médico me diagnosticou uma hipertensão". É alguém que está apressando-se em voltar.

Qual é o lugar do analista? O que é, para ele, intervir? É mudar a barreira, ou seja, *dar um nome à lesão* e assim remetê-la para algo outro. Esta é a primeira — das intervenções de um analista — tanto no sentido cronológico como no de importância — diante de uma afecção de órgão. Dar-lhe um nome significa emoldurá-la, dar-lhe uma história, por exemplo, restituir-lhe uma descendência. Fazer com que a barreira não seja mais uma lesão e sim um nome. Isso se faz apenas com a condição de que vocês tenham desejo e não angústia. O que é o desejo do analista? Há mil respostas a esta pergunta e esta noite darei uma: manifesta-se pelo fato de que é alguém que diz de tal modo que este dizer não é nem demanda — no sentido de entupir um buraco, no sentido de ter uma função paterna com relação ao sujeito, de mostrar-se tão preocupado como ele — nem se calar absolutamente. O desejo do analista se dá aí, nessa franja tão fina, tão estreita, entre *não dizer uma demanda e não se calar, mas nomear*.

(...)

Uma interpretação, totalmente ao contrário de uma holofrase, é uma palavra cortada, que remete a uma outra. Quer dizer que a interpretação abre cadeias, a holofrase fecha ou, em todo caso, provoca retornos que se fecham sobre si mesmos. A primeira descrição analítica de uma doença psicossomática seria que é *uma lesão que não remete a nada, que se fecha sobre si mesma*. A interpretação é exatamente o oposto: ela pode nomear, ela pode interpretar a fantasia, podemos dizer a seu respeito muitas coisas, e falamos muito dela no ano passado. Digamos esta noite que uma interpretação é aquilo que remete a um outro significante — ela não é interpretação, senão só depois que ela tenha provocado a repetição de uma palavra no paciente.

SEMINÁRIO V

18 de abril de 1983

Pierre Benoît e Jean Guir, dois psicanalistas de formação médica, aceitaram colaborar conosco no questionamento sobre essas afecções ditas psicossomáticas, afecções muito mais freqüentes do que se acredita, no decorrer da análise.

Encontra-se já aqui uma questão preliminar que não devemos deixar de colocar no início do nosso trabalho. É a seguinte: essas afecções, que a medicina rejeita como entidades clínicas mal definidas, não são por isso imediatamente aceitáveis no campo da psicanálise. Quero dizer que não é porque essas afecções são freqüentes no decorrer da análise que elas automaticamente dependem do campo freudiano, e a questão deve ficar presente. Não é certo que as afecções psicossomáticas pertençam ao domínio da análise. Lembrem-se de que Freud tocou nessa questão de maneira indireta e em raríssimas vezes; depois, o próprio Lacan, que eu saiba, tratou disso ao todo três vezes em trinta anos de seu seminário.

Trata-se de saber como essas afecções se situam em relação aos dois eixos fundamentais que dirigem o quadro da análise: o eixo do inconsciente e o eixo do gozo (do corpo). Trata-se de reconhecer em que medida essas lesões de órgãos podem ser consideradas como fracassos ligados ao sexual e ao inconsciente, ou, se quiserem, como fracassos próprios a um ser sexuado que sofre pelo fato de que é também um ser que fala. Claro, se estamos aqui esta noite, é porque pensamos que essas afecções dependem do campo da análise, mesmo se é preciso verificá-las. E acho que o fato de refletir sobre as afecções psicossomáticas poderia, talvez, modificar os próprios eixos do campo freudiano.

Para aqueles que não assistiram aos seminários precedentes, gostaria de dizer que o interesse que temos por essas manifestações psicossomáticas não era apenas devido ao que ocorria na clínica, como também por uma preocupação teórica.

A passagem ao ato, a alucinação e a lesão de órgão dependem de uma mesma lógica, que eu chamo "formação do objeto *a*". Nos três casos, o corpo age diferentemente de quando se trata de um sintoma ou de uma fantasia. O gozo deriva de uma outra maneira. O sujeito sofre de outro modo e as leis do simbólico obedecem a uma outra espécie de lógica.

As formações do objeto *a* igualam-se* a um transbordamento do gozo, um gozo a mais. Daí o nome "formações do objeto *a*". As formações psicossomáticas apenas nos interessam no quadro da experiência da análise. É um trilho que serve para não nos perdermos muito.

PIERRE BENOÎT

Primeiro, agradeço a Nasio por ter-me convidado a este seminário e desculpem se minhas origens médicas transparecerem demais no que vou dizer. O que eu pretendo dizer tem como título: "História e perspectiva de saída de um círculo vicioso".

Começo com uma anedota: em 70, numa sessão de grupo, Balint, um médico que dele participa desde o início e que todo mundo estima, um bom profissional, toma a palavra para nos dizer que vai parar de participar do grupo, mas que antes quer apresentar uma última observação. Conta-nos a seguinte história: ei-lo no consultório de um médico, perito de uma companhia de seguros, onde (isso o aborrecia muito) tivera que se submeter a um exame para garantir um empréstimo que foi obrigado a pedir. Ele nos diz que nada esconde ao perito. Pensamos nos elementos de sua vida que supomos conhecer. Em realidade, o que não esconde ao médico e que a nós havia escondido é que ele estava sofrendo de uma psoríase que durante uma dezena de anos só fizera crescer e se desenvolver. Logo repara que o perito está muito interessado — pois este médico era perito, e além do mais um pouco dermatologista nas horas vagas. E este lhe pergunta: "mas o que é que o Sr. faz por sua psoríase?" Ele responde que não faz muita coisa, que usa pomadas quando clientes que têm psoríase lhe dizem que isso funciona. O médico levanta os braços ao céu e lhe diz: "não é absolutamente isso que se deve fazer em caso de psoríase. O Sr. sabe que há coisas interessantíssimas na psoríase. Primeiro, existe o licor de Fouler,

* No original, no lugar de igualam-se, encontra-se a notação matemática (=). (N.T.)

embora seja um remédio perigoso — com efeito, é um ácido arsênico. Mas, quando bem manejado, é realmente muito eficaz.'' E depois: ''Há um fator psíquico muito importante na psoríase'', ao que nosso amigo responde: ''O Sr. sabe, em matéria de psiquismo, conheço um bocado. Há dez anos que faço o Balint, há vários anos que faço psicoterapia.'' Isso muda radicalmente a situação e faz com que o médico torne-se o consultante e o nosso amigo, o consultado. Passa para a sala de exame, tira a roupa e submete-se ao exame por completo. Depois de vestido de novo passa no gabinete e vê o perito redigir uma receita, dizendo-lhe: ''não é meu papel mas não pude evitar. Receito-lhe licor de Fouler.'' Disse-nos nosso amigo: ''vocês logo pensam que eu não iria tomar o negócio dele. Porém levei a receita e coloquei-a no bolso, onde ficou por muito tempo. De vez em quando a encontrava e somente há pouco tempo joguei-a no lixo bastante desbotada. Só que, desde então não tenho mais psoríase (risos). Portanto encerro a minha participação no grupo Balint'' (risos).

Proponho-lhes que se lembrem cuidadosamente dessa história de uma psoríase e também a de uma certa presença do licor de Fouler, este veneno. Acredito que ela pode ilustrar, sem dúvida, muitas coisas das quais falaremos hoje.

Dito isto, abro logo o jogo*, evitando embranquecer a cor, como dizem os dermatologistas que tentam apagar uma psoríase com pomada.

Para mim, a psicossomática, enquanto definindo uma categoria particular de doenças, categoria que encontraria uma definição positiva de si mesma na sua natureza ou na sua etiologia, tal como uma doença infecciosa ou de carência, não existe. Claro, a psoríase existe, mas dizer que se trata de uma doença psicossomática não é senão uma maneira ilusória e criticável de falar. A não ser que se considere que a única definição viável do psiquismo humano é o vínculo onde uma realidade, seja qual for, uma lesão de órgão por exemplo, se dá para ser reconhecida. Toda doença reconhecida que se dá para ser reconhecida é psicossomática. A única questão que conta é de se saber em que medida o psiquismo que reconhece é o do doente, o dos seus próximos, o do médico ou o do analista.

Na realidade, tal como é utilizado, o vocábulo psicossomática é para mim uma máscara, e atrás dessa máscara eu encontro duas coisas

* No original *j'annonce la couleur*, expressão utilizada no jogo de cartas, onde *couleur* permite o jogo de palavras naipe/cor. (N.T.)

em particular: um setor muito limitado da patologia feito com a doença negligenciada, ou doenças que, pelo menos temporariamente, só podem se definir negativamente, isto é, mais pelo que não são do que pelo que são. Nem isso nem aquilo. Então, a psicossomática tem sua chance. Depois, perfila-se atrás desta máscara uma grande tentação: prosseguir neste limitado setor o mesmo discurso milenar que trata das relações do corpo e da alma. Não é preciso ser grande sábio para reconhecer que, desde que se trate deste discurso, o pensamento obsedante da morte nunca está muito longe. Porém, para que tivesse alguma credibilidade na medicina contemporânea, era melhor, em vez de falar de alma, falar de aparelho psíquico, tentando articular aí uma teoria que não tornasse tão incompatível o oratório onde se colocam tradicionalmente as questões da alma, e o laboratório no Ocidente onde desde o Renascimento (até os nossos dias, digamos até Einstein) nascia o primeiro estado do pensamento científico, do qual saiu nosso mundo moderno, e notadamente seu maior florescimento, a medicina e as ciências da vida. É assim que a teoria psicanalítica, que era nomeada por Freud como uma espécie de teoria da alma, encontrou-se anexada, acrescentada à etiologia das doenças somáticas, tornando-se um enésimo capítulo, o dos fatores psíquicos, que o próprio Freud se negou a fazer. Nem o termo psicossomático nem o de somatização fazem realmente parte do vocabulário freudiano. O corpo não intervem aí senão para, no fundo, fundar pulsões e ser o teatro das conversões histéricas.

No entanto, para entender a importância do que digo, não é da alma que se deve partir e sim do corpo. Pois foi ele que os tempos modernos em primeiro lugar mudaram em nós: onerando a idéia de órgão no sentido de instrumento para um trabalho, com um fantástico suplemento de carga com relação ao outro órgão, o primeiro, que é o instrumento de música, o órgão da voz, se quiserem. E, no tempo de Freud, essa mudança capital não era realmente prematura, ainda havia toda a força, todo o impacto do estado nascente que fez com que o corpo se tornasse aquilo que ele é hoje para nós. Na medida em que nos tornarmos biologizados e medicalizados insidiosamente, o corpo tornou-se sinônimo daquilo que designa o conceito moderno de "organismo" (início do século XIX) ou seja a idéia de uma máquina viva, da qual cada elemento constitui uma entidade em si, um pouco como as diversas peças de um motor que nós, os homens, começamos então a construir.

Sem entrar em todos os detalhes dessa sutil substituição, limitemo-nos esta noite a dizer que ela é totalmente inseparável do advento de um pensamento normativo e da procura objetiva das causas, pensamentos estes, carregados de conseqüências com relação ao nosso tema. Uma afecção dita psicossomática, na medida em que está acompanhada por uma lesão de órgão, traz aí algo da anatomopatologia da psoríase que não pode evidentemente ser considerado como normal. Desde que há, portanto, uma anomalia somática, é normal que se venha fazer correspondê-la a uma anomalia da alma. Foi assim que, a partir da idéia de anomalia da alma, fez-se o nó do círculo vicioso da psicossomática, no qual estamos todos hoje mais ou menos fechados.

No que é o nosso tema, as formações psicossomáticas e sua relação com a psicanálise, creio que devemos tentar entender porque Freud não caiu verdadeiramente no círculo vicioso. Foi sem dúvida porque estava maduro o suficiente para entender que o pensamento dualista dentro do qual estava situado, e do qual não podia se desprender, não lhe permitia colocar de pé um processo psicossomático que pudesse sustentar-se em um discurso teórico sério. E isto é, com efeito, exatamente o que falta ao discurso psicossomático contemporâneo.

Preliminar era portanto sair do dualismo, o que Grodeck fazia ousadamente, tão-só pela sua intuição, o que explica porque Freud tinha tanto respeito para com ele. Mas, após Grodeck e Freud, e o fracasso relativo da sua segunda tópica (que eu me atreveria em qualificar de "grodeckiana" se se considera que ela caminhava num sentido mais unitário que a primeira), passaram-se anos sem que um dualismo caricatural fosse discutido. De um lado a alma, que entrou no campo da ciência sob o nome de "aparelho psíquico" e do outro, o organismo, organismo de natureza puramente animal, cujo funcionamento é supostamente programado por necessidades genéticas, ou perturbado por um acidente que afeta estas normas e corresponde a este dualismo conceitual. Dois lugares de profissionais absolutamente distintos: de um lado os verdadeiros médicos, puros especialistas do corpo, veterinários, e do outro, os "psi", especialistas da alma, encarregados de fazer admitir aos homens a dualidade estrutural do seu ser. Centauro ou sereia, a escolher.

Foi no seio dessa situação de dualismo coagulado que a medicina psicossomática funcionou muito rapidamente como uma montagem imaginária cuja razão profunda, na minha opinião, foi a conservação da herança do pensamento religioso dualista dos tempos anteriores. Uma alma e um corpo, separados por pontos de passagem, separados por uma fronteira, nos pontos de passagem estritamente regulamentados, guardados pelos psicossomáticos, os quais somente os contrabandistas curandeiros ousavam burlar. Mas hoje, em 1983, acho que convém reconhecer que mais de meio século depois da segunda tópica, o dualismo está acabando, tanto do lado do público como dos mais diversos médicos. A fronteira que acabo de evocar torna-se cada vez mais porosa, menos vigiada, e sobretudo menos linear: é uma fronteira em extensão, de linha, torna-se superfície e até volume. E neste fenômeno de extensão, parece cada vez mais que as doenças psicossomáticas ditas "clássicas" somente tiveram um papel de vanguarda, que pode ser comparado ao da varinha de cristal que provoca a cristalização acelerada de uma solução salina supersaturada. É assim que diminui o campo dos estados mórbidos para os quais os conceitos da medicina científica objetivante continuam conservando plenamente o caráter operatório incontestável e exclusivo que tinham ainda há pouco tempo. Como corolário, do lado dos "psi", torna-se cada vez mais impossível não encarar a hipótese de que, na transferência, há um processo em ação, que não está sem relação ou parentesco com aqueles que operam na intimidade mais profunda das células, dos tecidos, dos tumores, dos sistemas biológicos. Quem sabe não se chega a incluir aí a própria genética? Afinal de contas, os psicanalistas e os médicos relutaram muito tempo para admitir em suas áreas o que os físicos já haviam admitido na sua: uma certa equivalência ou correspondência entre a matéria, a matéria material, para nós as estruturas orgânicas, e os processos energéticos, relacionais, ligados à sua realidade. Para nós, analistas, e especialmente para aqueles que passaram pela Escola Freudiana, isso poderia se traduzir assim, por certo, num tratamento psicanalítico, o sujeito suposto saber funciona (e não seria eu que diria o contrário) mas, além disso, há a presença do real. Foi, em todo caso, o conhecimento obscuro que, através de minha própria trajetória, eu tive muito cedo da efetividade das relações entre estes dois registros (relações tão energicamente ligadas pelo conformismo mental relativo a um certo estágio da ciência), que me aproximou do ensino de Lacan assim que eu o ouvi falar da ordem do real, ao lado da ordem do simbólico e do imaginário. E, com efeito, creio que se pode reconhecer hoje que a insistência crescente sobre o real, feita por e em torno de Lacan, lançou alguma coisa essencial, é preciso dizê-lo. A saída furtiva do dualismo freudiano se tornou possível tanto no nível conceitual como da prática, por afirmações conseqüentes à natureza do objeto *a*. São elas, com efeito, que permitem dar conta de uma realidade cada vez menos contestável, a saber que não é o objeto na sua realidade biológica, por mais incontestável e eficiente que seja, que, do ponto de vista da vida dos humanos, ocupa o lugar dominante, e sim realmente sua representação levada tão longe quanto se possa, nos limites mesmo do irrepresentável e do indizível. E isso, tanto no que diz respeito ao objeto para curar (reverenciemos a presença do licor de Fouler) como do objeto que é dado para ser reconhecido em todas as doenças, em todas as lesões de órgão. Digo que uma lesão de órgão é um objeto. É claro que quando esta lesão se torna o que está em jogo em uma psicanálise, tenha ou não lhe preexistido, é realmente, creio eu, essa primazia da representação e do objeto sobre a coisa o que se devia entender sem maiores detalhes quando Lacan anunciava que preferia a ligação epistemo-somática à ligação psico-somática. Afirmação que somente terá seu pleno efeito se fizermos entrar o real lacaniano no nosso modo de pensar. Um dos meios mais diretos de conseguir isso não será exatamente refletir mais sobre o que nos ocupa esta noite? As realidades orgânicas, a maneira como elas interferem com a problemática do sujeito, a ou as realidades orgânicas de seu corpo, estão, desde os primeiros anos da sua vida, no primeiríssimo plano das interrogações do ser humano se ressentindo no seu corpo; ora sofrer, ora gozar. Não é por nada que uma das primeiras teorias da criança é uma teoria sobre o sexo. É porque a interrogação sobre o sexo é uma das primeiras formas da questão das questões, que é a questão do real. Antes de prosseguir, farei um curto parêntese sobre a questão do real em geral: no real lacaniano, que é apenas um aspecto particular para uso dos psicanalistas (vocês sabem que o real em geral interessa a muita gente, particularmente aos físicos, basta ler alguns dos livros que começam a aparecer), o real não é da ordem das realidades diversas, endógenas ou exógenas nas quais nos movimentamos. O real é o que subtende* nossas perguntas sobre estas realidades, assim que as empurramos para sua forma última, uma última que nossa sina, como Sísifo, é empurrar sempre para mais longe, sabendo que as respostas que disso resultarem nunca passarão de transitoriamente verdadeiras.

Pode-se dizer que o real é feito de todas as realidades, acrescidas de questões que devem ser novamente empurradas para mais longe; que o homem se coloca sobre a dita realidade tentando sempre determinar, como se diz, o que acontece realmente. Mas o desequilíbrio que aí introduzem as ciências tende ainda a fazê-lo agüentar**, nos dois sentidos do termo. A prevalência do "quem sou eu?" tende, com efeito, a recalcar alguma coisa no simbólico, ligada à identidade do indivíduo,

* No original, *soustend*, que traduzimos por subtende: estende por baixo (Cf. Aurélio). Termo próprio da geometria para designar a ligação entre as extremidades de um arco. (N.T.)

** No original, *mettre en souffrance*: a palavra *souffrance* tem aqui o duplo sentido de espera e sofrimento que encontramos aproximadamente no termo agüentar. (N.T.)

a do "quem sou eu?" Então, estou convencido de que muitas lesões de órgão correspondem a esta volta deste recalcado no real que, de certa forma, os "umbilica".* E talvez possamos dizer a mesma coisa de certos estados psicóticos que alguns reconhecem como equivalentes lesionais e que talvez não sejam apenas equivalentes — não se sabe. Saberemos reinventar para o uso do nosso tempo um estatuto, restaurando no domínio da identidade do sujeito a preeminência da ordem simbólica, que se revela capaz de ter peso diante da temível armadilha — de um lado as identificações gregárias e do outro a coisificação biológica da carne dos nossos corpos. Objetivo duplo que deve ser trabalhado, na minha opinião, sobre o próprio objeto da psicanálise.

JEAN GUIR

Agradeço ao convite para falar neste seminário sobre os fenômenos psicossomáticos no quadro da clínica do objeto *a*.

Foi-lhes falado das três formações do objeto *a*: a alucinação, a lesão de órgão e a passagem ao ato. Aliás, a clínica verifica que a alucinação e a passagem ao ato podem preparar a lesão de órgão.

S_1 S_2: é importante polarizar em cima disso.

S_1 S_2 vocês sabem: S_1 = significante mestre. S_2 é o saber.

S_1 = o traço unário e também o Ideal do eu. O objeto *a* cai.

Sem desenvolver muito, falarei da famosa "holofrasinação"**. Lacan disse que nesses fenômenos psicossomáticos haveria uma "holofrasinação" S_1 S_2. Todo o problema é de cortar este negócio para que emerja o objeto *a* e que, assim fazendo, abordemos a fantasia $\$ \lozenge a$.

Vou lembrar algumas asserções de Lacan a respeito desses fenômenos. "A indução significante ao nível do sujeito colocou-se de uma maneira que não põe em jogo a afânise do sujeito."

S_2: uma necessidade chegará a estar interessada na função do desejo. O elo desejo é aqui conservado, apesar de tudo. Não há intervalo entre S_1 e S_2. O primeiro par de significantes se holofraseia. Podemos então fazer a seguinte pergunta: "O que acontece com o

* No original, *les ombilique*. (N.T.)

** No original, *holophrasination*. (N.T.)

objeto *a* nessa história?" Penso que o objeto *a* se encarna materialmente no corpo. Por outro lado, não há relação com o objeto (isto é fundamental).

Falamos de auto-erotismo, de narcisismo primário. O problema é justamente passar do narcisismo primário ao narcisismo secundário, por espelho. Os fenômenos psicossomáticos escapam às construções neuróticas — isto é muito importante. Eles não têm nada a ver com as conversões histéricas. Eles têm a ver com o real. São um pedaço de real. Não são um sintoma no sentido analítico do termo. Na minha opinião, estes fenômenos situam-se na *fronteira do real e do imaginário*, no nível do *gozo do Outro*. Talvez se trate de uma efração do imaginário no real, o contrário da angústia. Isso aparenta-se à escritura de Joyce ou de Samuel Beckett, escritura que vem paliar a foraclusão *de um* dos Nomes-do-Pai. Vocês sabem que há vários Nomes-do-Pai. E talvez esse Nome-do-Pai — ou melhor um deles — seria o imaginário. Joyce e Beckett tinham doenças psicossomáticas quando paravam de escrever. Bem, poderíamos nos perguntar, no plano das doenças psicossomáticas, se não haveria aí um tipo de escritura especial, um equivalente. O próprio Lacan disse: "O objeto *a* pode ser aparentado, aliás, a uma letra, uma letra que teria retornado no corpo do sujeito, sob a forma de letra, de inscrição particular." Poder-se-ia dizer que se trata de uma perversão especial. Não no sentido de Freud, e sim, como o diz Lacan, de uma versão nova do Nome-do-Pai.* O não e o Nome**. Então, o mais gozar não existe. Isso porque há a colisão S_1 e S_2. Não há par de gozo, com emergência do objeto *a* (causa do desejo), daí aliás a dificuldade da transferência. Como querem vocês que a transferência possa se instituir, enquanto não se está em posição, ou seja, sem sintoma? Será um *sinthomem*, isto é, no sentido em que fala Lacan? Ou seja, o quarto pedaço de barbante, no nó de 4. Eu não o creio porque, como na fobia, mesmo psicossomática, trata-se de suprir uma carência de um dos Nomes-do-Pai. Eu gostaria de dizer ainda que há alguma coisa que se substituiria ao significante indizível $S(\not{A})$ que, justamente, encarna a distância entre S_1 e S_2.

Falarei de três pontos para alimentar a discussão:

* Em francês *perversion* (perversão) é homófono a *père-version* (Pai-versão). (N.R.)

** No original, *le non et le Nom*. (N.T.)

1)*Não há afânise do sujeito*

Vocês sabem que um significante representa o sujeito para um outro significante (Lacan). O que se passa aqui? S_1 não representa o sujeito para um outro significante. O *Vel** da alienação não funcionou. Na minha opinião, este significante que é imposto, não é nem foracluído nem recalcado. Para Lacan, a alienação está inextricavelmente ligada ao processo de separação, que se efetua pela metáfora paterna, processo este que resulta na emergência do objeto *a*, causa do desejo. E parece aqui que o objeto *a* não surge. O sujeito é representado por um significante, mas não para um outro significante: isso não funciona como um significante.

Tomemos o exemplo de Lacan, dos dois fonemas *fort* e *da***, no qual veremos encarnar-se o próprio mecanismo da alienação. Não há *fort* sem *da*. Sem *Dasein****, por assim dizer. O sujeito exercita-se neste jogo fundamental da alienação com o carretel (de Freud). Mas não há *Dasein* com o *Fort*. Então, para fazer entender que não há emergência do objeto *a*, tomemos um exemplo no livro de Zorn, este jovem de Zurique que morreu de um câncer: *Marte*.

Numa palavra da mãe, temos uma metáfora de alienação: uma das palavras preferidas da mãe é "ou... ou..." Exemplo: — "Partirei na próxima segunda-feira às 10h 30 para Zurique, ou ficarei em casa". Como diz o próprio Zorn, quando se fala demais "ou... ou..." as palavras perdem todo seu peso, todo seu sentido. A língua decompõe-se.

Numa massa informe de partículas desprovidas de significação, nada mais é sólido, e tudo torna-se irreal; nas palavras da mãe, não há intervalo**** possível para que um significante chegue e represente o sujeito para um outro significante. Há um mecanismo de exclusão, de abolição. Então, se o desejo do homem é o desejo do Outro, aqui o desejo do homem não pode se constituir. Não há aparecimento da falta significada pelo primeiro par de significantes no intervalo que os liga.

Mas, aí onde surge a dificuldade, é aí que S_1 e S_2 (o que é dificílimo de se entender) é que, como diz Lacan, o elo do desejo está presente apesar de tudo. Uma necessidade virá a estar interessada na

* Palavra latina que significa *ou*, conectivo da disjunção lógica. (N.T.)

** Termos alemães: *fort*, fora, *fort-sein*: ter saído, ter desaparecido; *da*, aqui, *da-sein*: estar presente. (N.T.)

*** Termo alemão: existência, vida. (N.T.)

**** No original, *battement*. (N.T.)

função do desejo, isto é o que Zorn exprime no seu livro. Continuemos com as palavras da mãe: "partirei para Zurique, ou... ou...", ela diz desta vez: "À noite, haverá espaguete para jantar ou uma salada de salsicha." Com este exemplo vemos que uma necessidade alimentar vem a estar interessada na função do desejo. Observemos também que a perversão materna parece significar como equivalentes dois significantes: espaguete ou salada com salsicha. Lacan indica que o sujeito encontra normalmente a via do *Vel* da alienação pelo processo de separação.

Aliás, diga-se de passagem, já que se fala de processo de separação na clínica, percebe-se na dinâmica das afecções que, em geral, encontra-se no tratamento uma separação que se fez na infância (uma separação real). Depois, há um segundo turno, onde essa separação retorna e isso será equivalente, do ponto de vista significante, à primeira, ou seja, o significante de separação no real. Pela separação, o sujeito constitui o ponto fraco do par primitivo da articulação significante enquanto essência alienante. Então, a falta que jaz entre S_1 e S_2, constituída pelos desejos desconhecidos da mãe — neste caso, para Zorn a mãe não manifesta nenhum desejo — vai recobrir a falta constituída pela família. O que podemos dizer nos fenômenos psicossomáticos é que a ausência de afânise vai engendrar uma interrupção no processo de separação. É difícil de se entender, porque há dois tempos e ao mesmo tempo eles estão ligados. Há um esboço daquilo que explicaria este enigma de holofrasinação de S_1 S_2. Há portanto uma abertura no campo do Outro. Há algo de gelificado, congelado, como diz Lacan.

2) No seminário, Nasio lhes falou do *mimetismo* — Farei algumas observações a respeito.

É um problema difícil de se entender a localização topográfica dos fenômenos psicossomáticos. Mas, em numerosos casos, as localizações anatômicas atingidas remetem, num encadeamento mimético ainda não resolvido, ao corpo de um membro da família ou do cônjuge. A zona corporal remanejada pela lesão apela, invoca um outro corpo que apresenta, no mesmo lugar, uma marca observável. Às vezes, a zona do corpo do outro não apresenta nada visível, mas aprendemos no discurso do paciente que esta parte do corpo do outro poderia ter sido mutilada ou extraída. O que parece fundamental é que este mimetismo, quando a coisa pode ser localizada, sobretudo nas doenças de pele — (embora isso também possa talvez ser válido para os órgãos) — este mimetismo, portanto, quase nunca está em espelho: uma lesão direita, num paciente, remete a uma outra lesão direita, em outro membro da sua família, e idem, esquerda/esquerda. Temos aí alguma coisa que é apontada antes do estádio do espelho, antes dos 6 meses.

A inscrição corporal reproduz definitivamente a história do corpo de um outro e, com freqüência, especialmente nas doenças da pele (psoríase etc.), há um polimimetismo: o sujeito se faz representante orgânico da história dos corpos da sua linhagem em eco à inscrição aberrante dos significantes da sua filiação, dizia Nasio.

Não há mais filiação dos Nomes-do-Pai, e sim filiação por si mesma. Então, o órgão atingido pelos fenômenos psicossomáticos funciona como um órgão roubado de um outro e tenta gozar como se pertencesse àquele outro. É um enxerto imaginário cuja implantação forçada cria lesões que exprimem a impossibilidade de penetrar no gozo do corpo do outro.

Força-se de certa forma a entrada no gozo do corpo do outro, como se devesse existir o Outro do Outro.

Ver, respirar, digerir, com o olho, os pulmões, o tubo digestivo de seu parente provoca uma patologia dos órgãos em questão. O sujeito atingido por uma perturbação psicossomática funciona portanto com um pedaço do corpo do outro, como uma camada superficial. É, evidentemente, um enxerto de órgão imaginário.

A experiência clínica prova que o objeto da mímica é freqüentemente uma pessoa da qual o sujeito foi separado justamente na infância (clínica de separação). Essa pessoa muitas vezes é um avô ou uma avó. O sujeito vai ser forçado a tornar-se aparentado. O fenotipo trazido pela lesão sob forma de escritura de carne irá identificá-lo a essa pessoa. Poder-se-ia dizer que, no limite, o sujeito psicossomático se apresenta com um brasão orgânico, que vai traduzir uma nova afiliação com seus ascendentes, e creio que se pode até ir mais longe. Os fenômenos psicossomáticos dariam, em negativo, a solução para as estruturas elementares de parentesco, que não conhecemos muito bem atualmente.

Não é por nada que as doenças psicossomáticas existem pouquíssimo nas regiões ou nos povos que não foram contaminados pela cultura européia, ou biologizados.

3) Ou seja, consegui evidenciar no decorrer de tratamentos analíticos que, nessas afecções, havia 4 ordens de significantes particulares que intervinham nestes fenômenos.

Primeira ordem: significantes datais, no sentido da data.

Pode-se, em certos sujeitos, sublinhar as cifras dos eventos da sua vida, um ponto de fixação do real, pelas cifras sobre seu próprio corpo, o que significa que não se adoece em qualquer data. Por exemplo, estudei casos de retocolite de adultos com Noelle Korjemme e percebemos que a explosão do fenômeno psicossomático do adulto produzia-se quando a criança amada pelo sujeito atingia uma idade idêntica à do paciente quando da sua primeira separação.

Não quero lhes dar todos os exemplos, mas notou-se que existe uma numeração particular que remete a um episódio particular de um dos membros da família, como se fosse necessário retomar a história, uma outra história.

Nos casos de leucemias de crianças, o processo maligno desencadeia-se no momento em que uma outra criança da família atinge uma idade que foi a do pai num episódio muito preciso e particular da sua história. Se quiserem, esta cifragem remete a alguma coisa temporal na história da família. Por exemplo, numa neoplasia do seio algo é apontado por um algarismo em praticamente 90% dos casos verificados.

Pode-se, numa neoplasia do seio, calcular o início do tumor e, quando se calcula este início, pode-se marcar algo ligado ao nascimento do pai. Não se trata de cabalística. Dá-se conta disso na clínica.

Objetaram-nos que a marcação desses significantes datais, no momento de eclosão de fenômenos psicossomáticos, não tinha nada de específico, e que era sempre possível encontrar, na seqüência dos eventos familiares, uma numeração particular que poderia se reportar a eles. Mas não esqueçamos que esses algarismos são integrados a uma constelação de outros significantes igualmente implicados na eclosão do fenômeno psicossomático. É da cristalização desses significantes que o sujeito vai sofrer em determinado momento da sua história.

Há um "evento estrutural" que apenas se explica pela coerência interna e pelos vínculos privilegiados que conservam entre si os diferentes parâmetros responsáveis pela emergência do fenômeno psicossomático. O corpo responde num efeito de "só depois" a um agenciamento particular destes parâmetros.

Há algo que se exerce sobre um significante particular. É o nome próprio. Há, pois, uma degradação, uma dessacralização do nome próprio, um rebaixamento deste, numa leitura corrente que vai desmascarar o sujeito. Pensemos no efeito perturbador e desagradável que surge em cada um de nós quando erram nosso sobrenome. O nome também terá sua importância.

Em muitos casos, o sobrenome e o nome vão fazer eco a significantes de lugares, designados no desencadeamento dos fenômenos psicossomáticos. Assim, vou lhes dar um exemplo bobo: o Sr. Du*pont* vai atravessar uma ponte (*un pont*) pouco antes do desencadeamento de uma lesão orgânica. Transposição do espaço de seu sobrenome.

Observemos que, em uma outra língua, por exemplo em inglês, a ressonância é diferente: Mister Du*pont* walks across the *bridge* (isso não funciona).

Eu diria simplesmente também que, nos fenômenos alérgicos, nas alergias clássicas, o nome alérgico é muitas vezes metafórico do sobrenome do sujeito. É mesmo extremamente freqüente. Claro, precisa-se de um tempo de tratamento bastante longo para se poder marcá-lo, mas é bastante surpreendente. Vou até mais adiante. Acontece do nome próprio conter em parte um apelo ao órgão atingido. Olhe Joyce: vocês têm o *y*; os olhos fantasias ao redor do órgão.

Há uma terceira ordem de significantes, e que me parece muito importante. É que há certos significantes que vão atravessar o sujeito e que são injunções, significantes injetados, e que dizem respeito a uma mulher, se se tratar de um homem, e a um homem, se se tratar de uma mulher. Isto significa que estamos aí distante da problemática histérica.

Sou homem ou mulher? Muitas vezes, para o sujeito, foi exigido que ele fosse de um sexo biológico oposto ao do nascimento. A esta demanda, de produzir um novo sexo biológico, o sujeito responde pelo gozo de um órgão: auto-erotismo tomado no sentido do sofrimento que ele coloca à disposição do outro, sem saber. Tem-se aí uma espécie de transexualismo particular. O órgão atingido funciona como se fosse preciso estar na fantasia do sexo biológico do outro. Isto é muito freqüente.

Em último lugar, a quarta ordem de significantes, as holofrases particulares que se encontram no discurso destes pacientes. Em uma palavra encontra-se toda uma frase. Podemos marcá-las nas entrevistas preliminares, quando se pergunta ao sujeito a explicação natural da sua doença. Não se lhe pergunta o que o médico disse.

Pergunta-se-lhe por que tem essa afecção, e, na explicação ingênua ou atormentada, ele produzirá significantes holofrases.

Encontramo-los também na segunda etapa do tratamento, como diz Lacan, em certos sonhos que vão se tornar insistentes, freqüentes durante anos (o desejo do analista aí é muito importante).

NASIO

Não desejo fazer uma exposição formal do que penso a respeito dos fenômenos psicossomáticos. Só queria fazer a primeira intervenção na sala para lançar a discussão.

Em relação à palestra de Pierre Benoît, gostaria de observar um ponto importantíssimo, em que acentuo o que Benoît propôs, e um outro, em que marco meu desacordo.

O que quero acentuar é o trabalho que temos de fazer na psicanálise, como também de um modo geral, que é o de enterrar o dualismo cartesiano: o corpo e a alma. Porque em psicanálise, temos outra maneira de pensar o corpo.

Para nós o corpo não é o corpo carnal; para nós, o corpo é um corpo que passeia, um corpo estilhaçado*, que nos é exterior. O corpo, para a psicanálise, em relação à psique, é um corpo que o sujeito porta nos seus braços. Temos que aceitar esta imagem. E este corpo, nós o perdemos e o recuperamos, e de novo o perdemos e o recuperamos. É um corpo do "entre-dois", um corpo do intervalo — e é preciso fazer um esforço enorme para habituar-se à idéia de que o corpo do paciente deitado não é o corpo que se encontra no divã. O corpo do paciente deitado encontra-se entre a poltrona e o divã. Se vocês já conseguem fazer estilhaçar este corpo, nós faremos estilhaçar a entidade alma/psique, fazendo-a sair dos limites de uma entidade individual, com a noção de inconsciente.

Se conseguimos conceber que afinal o inconsciente não é o inconsciente de alguém — o inconsciente é uma cadeia — nós nos colocamos todos aí. Mas cuidado, isso não é um inconsciente coletivo. Ele se dá estritamente numa transferência a dois; e quando falo de cadeia, é sempre uma cadeia que se apresenta em uma transferência a dois. O inconsciente enquanto cadeia passa por cima das cabeças dos sujeitos presentes.

Se conseguirmos fazer a noção de corpo perder a noção de corpo de si, se fizermos a noção de psique perder essa noção de massa psique, vocês se encontrarão com uma idéia da relação do corpo à alma.

Não se trata mais de falar sob a forma de dualismo, mas este corpo é um objeto, e esta cadeia é uma cadeia de elementos discretos.

Primeira observação sobre esse aspecto que Benoît desenvolveu e que existe na obra de Freud — a dualidade existe em Freud.

Segundo aspecto: Benoît insiste sobre a questão do real. Em determinado momento, com efeito, eu achei que para se pensar as lesões de órgão, como a hipertensão nesse paciente hipertenso (essa hipertensão apareceu no decorrer do tratamento), teria sido possível pensar — eu o disse aqui — "eis o espasmo das artérias, isso é algo do real". Pode-se dizer que é algo do real? Eu prefiro hoje não dizer mais que isso é algo do real. Num outro momento, em outras condições,

* No original, *éclaté*. O verbo *éclater* pode significar: brilhar, causar escândalo e estourar, explodir. (N.T.)

em outros contextos, isso teria me satisfeito. Hoje, prefiro dizer: "é um real que foi mordido, é uma borda". Algo do real é uma praia mordida, não é algo do real. Parou de ser algo do real. Estamos no nível de uma realidade, claro que perfeitamente singular, porém realidade apesar de tudo. Eu faço então a diferença entre real e realidade e, a partir disso (penso do ponto de vista teórico e acho que é importante definir precisamente nossos termos quando se trata de abordar estas difíceis questões psicossomáticas), prefiro hoje dizer que essa lesão de órgão é um objeto, como o dizia Benoît, mas não é necessariamente algo do real. É algo do objeto que vem fechar uma certa realidade. O real, nesse momento, desloca-se mais uma vez. O real desloca-se cada vez que se tenta apanhá-lo. Vocês arrancam-lhe pedaços da sua praia e o real se desloca um espaço a mais.

Eis portanto as duas observações que eu queria fazer com relação à intervenção de Benoît.

Gostaria agora de abordar o que disse Guir. Insisto em lançar a discussão.

Vocês devem ter ouvido o número de dados que ele nos trouxe, dados a serem refletidos, pensados, verificados. Eu tenho o sentimento de ter um dossiê e de ver, verificar em cada ponto, se, no trabalho e nas experiências com pacientes psicossomáticos, isso se confirma ou não.

Queria apontar duas coisas:

1) Esta idéia da holofrasinação de S_1 e S_2, frase de Lacan nos quatro conceitos fundamentais (capítulo XVIII), no qual Lacan diz que "os significantes S_1 e S_2 se solidificam, são emassados". Isso é uma afirmação teórica, corresponde ao registro da teoria — Guir fez da holofrasinação algo diverso de um indício teórico. Ele fez dela indício clínico. Isso quer dizer que se deve distinguir bem dois registros:

- S_1 e S_2 são unidos e solidificados.
- Outra coisa é pensar que há frases condensadas em uma palavra e que vêm a ser a origem do desencadeamento de uma lesão de órgão.

Insisto nesta distinção de registros.

Nos dois casos, em particular o primeiro, teórico, S_1 e S_2 sendo solidificados, Lacan quer dar conta de um fato clínico ao qual o analista se encontra a cada vez defrontado, quando há uma formação psicossomática. O fato clínico é o seguinte; cada vez que há uma lesão de órgão, esta lesão não remete a nada. Não há nada que venha a se articular com esta lesão. Aí está a dificuldade! O paciente diz "é algo completamente fora de mim". E fizeram a pergunta que eu acho que se deve fazer não apenas a esta categoria de pacientes, como também a todo o mundo: "o que é que o Sr. pensa do que lhe está acontecendo, qual é a teoria do seu sofrimento, como o Sr. concebe o seu sofrimento?". É nesta resposta que o paciente coloca os elementos mais favoráveis para que emerja o inconsciente, para que haja ato. Ora, a dificuldade é que quando se trata de uma lesão, o sujeito não sabe o que dizer e o analista menos ainda. Ninguém pode dizer nada. É o silêncio.

Eu falo de uma situação depurada. Guir, com certeza, tem coisas a dizer para serem pensadas diante dessas situações. Mas o analista que tem uma paciente sofrendo de uma paralisia da metade do rosto está no centro do fogo. Não se sabe nada. É isso que se pode chamar de "solidificação da massa". É o não-remeter. Emassamento do significante quer dizer que um significante não remete a um outro significante. E isso vemos clinicamente: uma lesão não remete a uma outra lesão.

2) Chego ao ponto que queria abordar. É a questão do analista, sua posição de analista. Recai-se sobre um ponto central, ou seja, a necessidade de nomear essas formações. Explico-me: isto não quer dizer que o analista põe um nome. O analista não vai dizer: isso se refere à sua avó (é verdade que isto pode acontecer). Mas, na transferência, não é este o ponto importante. Dar um nome à lesão é fazer com que o paciente possa retomar uma palavra de algo compacto, dizer para que o outro diga, o outro nomeie. Vamos mais adiante: não é para que o paciente ache uma teoria nova, e sim para que encontre um sintoma novo, no lugar da lesão. É esperar demais, é esperar muito! Não se pode desbloquear de um dia para outro este emassamento.

Finalmente, uma lesão de órgão no decorrer da análise é totalmente diferente de uma lesão de órgão num consultório médico. Por esta razão, é que, no tratamento, o paciente é convidado a nomear a lesão, a simbolizar a lesão.

Foi por isso que eu disse no início: falamos somente de uma lesão de órgão no decorrer do tratamento. Falar de outra maneira, não temos como.

Digo-lhes mais uma palavra sobre a função do analista. Nomear, sim. Mas o analista *sabe* a palavra que falta. Ele representa as palavras que faltam. Sua simples presença dá as condições para que o paciente nomeie sua lesão.

Questão — Resposta

— Como articular o que acabou de ser dito sobre a palavra que falta e o desejo do analista do qual J. Guir falava há pouco? É pelo fato da válvula de pressão da fala existir. Poder-se-ia pensar que a lesão de órgão no decorrer de um tratamento se reduz a uma conversão histérica; quer dizer, talvez a expressão seja um pouco exagerada, mas isso falta apesar de que esta lesão está dentro de uma relação com o desejo de alguém que, por sua vez, representa um apelo, constantemente, um apelo não somente para ser dito, mas para que aquilo mude, que a lesão se torne "palavra".

GUIR: No tratamento, encontram-se sempre sintomas histéricos ou fóbicos na infância, que foram ligados a sintomas corporais. Quando estes sintomas cessam, os significantes que neles operavam voltam, e quando voltam, não dão sintomas histéricos ou fóbicos, e sim lesões de órgãos. É preciso que esse órgão, homeostaticamente, tenha sido implicado na infância.

No decorrer do tratamento, pode haver retorno de um mesmo sintoma da infância e se está aí no caminho do fim do tratamento.

Pergunta

Reencontro o que Dolto escreve: "a imagem do corpo organiza-se". E você diz "o pai". Como articula isso com a mãe? Por que insiste mais no pai? Para criar o brasão escavado, poderia-se pensar que cabe à mãe fazê-lo...

GUIR: No exemplo de Zorn, o que acontece é o duo mãe/filho. Não há intervenção do pai. Há privação do Ideal do Eu, não a castração. No tratamento, pode-se dar um outro eixo às palavras da mãe. Na clínica, percebe-se que houve jogos sexuais dos avós com a criança. Além disso (e aí você fala do incesto irmão/irmã) você está no centro do alvo. Lévi-Strauss fala do incesto. E realmente, com bastante freqüência, encontram-se relações irmã/irmão e irmão/irmão; a psicanálise não trata muito disso.

BENOÎT: Um espanto! Isso me surpreende, a abertura de J. David quando fala de psicossomática, não em termos de lesões de órgão. Fala-se a respeito como de uma espécie de doença. Doença, claro, no decorrer de um tratamento. E o câncer de Freud? Em relação com sua cura?

Se pudéssemos abandonar o dualismo que subtende a psicossomática poderíamos falar em transferência, em lesão de órgão num tratamento, quer preexistam ou apareçam durante o tratamento. Como elas se articulam com a transferência, esta questão me parece fundamental.

Da mesma forma, poderíamos voltar ao que você disse há pouco, insistindo sobre o fato que é durante o tratamento. Há um encravamento no corpo (artrose do joelho, como uma cartilagem de conjugação — por que uma psoríase aos 80 anos e não antes? — há um problema epistemológico). É uma questão de pesquisa.

Admito que existam afecções ditas clássicas. Mas elas são emissários de uma mudança que está se fazendo, bem além da psicanálise, no mundo onde estamos, na medicina, sobre a concepção das doenças. E é somente assim que se pode entender o que significa "epistemo-somática", ou seja, uma relação que existe entre o que se fala, articula, analisa dos fenômenos da vida com as doenças que sobrevêm, a tal ou qual ocasião. Os pacientes lhes falam de uma lesão de órgão na análise. As pessoas dizem "eu tenho um câncer". Para que a transferência exista, não deve ser considerada como uma transferência médica para curar o sintoma. Não se deve mais falar em psicossomática. E ao dizer "lesão de órgão", na prática analítica, deve-se vincular, entender coisas da prática analítica que fazem ponte, vínculo com aquilo que se diz em outras áreas. Não é apenas na psicanálise que se fala de lesão de órgão. Entendendo-se isto, entende-se o que Lacan dizia quando falava de epistemo-somática. A respeito de um câncer do esôfago, mesmo se houvesse realmente câncer — quando nem se sabia, ou apenas começava-se a saber que existia o esôfago —, não se tratava da mesma doença de hoje. Hoje temos a psicanálise e os esôfagos: deve-se saber localizar as coisas, porém não isolá-las. A psicossomática é uma recuperação pelos médicos da psicanálise e é por isso que não podemos mais falar em psicossomática.

NASIO: Eu queria dizer três coisas:

1) Eu retomo o que Benoît disse. Esta concepção da psicanálise do corpo à deriva, como corpo que passeia, corresponde perfeitamente à situação do corpo humano, hoje, na sociedade, isto é, que o corpo humano não é somente este homem que anda, senta; é também o pulmão de aço, é uma bengala, é a prótese dos dentes, são os óculos, as luvas. O corpo perdeu seu limite, seu território, e isso remete — e, finalmente, o câncer dos esôfagos não era desconhecido, existia. Mas eu prefiro pensar que *não existia* na Idade Média. Esta doença é contemporânea dos instrumentos que conhecem o esôfago, contemporânea da ciência atual, também da psicanálise. A concepção das doenças deve se fazer com relação à situação estilhaçada do corpo, na qual o corpo vem incluir-se. E se pensarmos assim, o discurso sobre o corpo em 1983 é um corpo em estilhaços, que está em todos os lugares e em nenhum lugar.

2) A análise face à lesão de órgão. Guir nos dá hipóteses a serem verificadas. Os incestos — você diz: a psicanálise não fala disso. Ao

contrário, só fala disso. Ela nasceu com isso, e o problema hoje é que quando se trabalha nisso, pensa-se: trabalhar nessa questão é difícil tratando-se de conservar um certo fio; estamos na corda bamba; conservar os eixos da análise, perguntar-se se a psicossomática intervém ou não neste campo, e o que fazer com isso enquanto analista? Leiam o que se escreve a respeito: é pobre. A questão é não cair em pensar em uma psicogênese. Faz-se todo um trabalho estrutural, e está tudo bem enquanto se fala de S_1 S_2, de foraclusão. Mas o problema é dar conta da lesão sem cair no filogenético. Se dizemos incesto, estamos no início, como Freud, e ele ultrapassou isso. É a fantasia. Será verdadeiro ou falso? Pouco importa. Porém ele leva em conta a fantasia da sedução. Qual é o mecanismo desencadeador? Qual é o trauma? E também o trauma é suspeito. Deve-se desconfiar dele. Eu não decido, mas sublinho a dificuldade do trabalho.

BENOÎT: O que é o real? Já que se fala do umbigo...

NASIO: Pois é, eu prefiro pensar que o real em jogo é o trauma. Um real inexistente, prévio, uma espécie de sujeito suposto saber. Não a lesão de órgão.

GUIR: Tudo isto nos leva a estudar os conceitos mais difíceis da psicanálise e os problemas éticos que são fundamentais.

BENOÎT: Já dei uma definição do real. Eu disse: "o real é o que subtende nossas questões sobre essas realidades, desde que as levemos até as suas formas últimas".

O trauma: um dos traumas essenciais das lesões hoje é que, no Renascimento, são tomados corpos, de início, mortos, e depois vivos, como objetos de ciência. Isso é um trauma, sacrilégio, roubo de objeto sagrado. Não é trauma de uma história individual, como se procura em uma psicogênese. É um trauma epistemossomático.

SEMINÁRIO VI

16 de maio de 1983

As Formações do Objeto

Antes de prosseguir no tema da lesão de órgão dita psicossomática, proponho-lhes uma parada a fim de retomar o fio que tecemos há um ano e de justificar com maior rigor o que fiz até o momento, o termo *formações do objeto*. É o nome que dou a um grupo de configurações clínicas até hoje dispersadas na teoria, consideradas como experiências limites, porém mais presentes no tratamento do que se crê.

Faz-se necessário, primeiro, voltar brevemente ao nosso ponto de partida, definir a experiência analítica e expor a tese que havia servido de disparador deste trabalho sobre a formação do objeto. Tínhamos começado distinguindo bem a experiência da análise, do percurso de uma análise ou de sua resolução. A experiência é um acontecimento único, repetido no curso deste segmento de vida que é o tratamento analítico. Um tratamento é um percurso balizado de experiências sucessivas e pouco freqüentes, cada uma sendo uma singularidade, um ponto de explosão, de variação brusca e decisiva da relação entre o psicanalista e seu paciente. Local e rara, a experiência constitui contudo o único evento de onde são tirados os *dois princípios fundamentais da psicanálise*: o do *inconsciente estruturado como linguagem* e o do *gozo como lugar de real*.

No que concerne ao inconsciente, lembremos logo a proposição primeira que nos introduziu às nossas considerações atuais sobre o objeto. Se "o inconsciente é estruturado como uma linguagem", isto é, se devemos pensá-lo como uma rede significante na qual vem se inscrever cada um dos parceiros da análise, uma rede que se desloca através dos parceiros analíticos, sem que eles mesmos saibam, e que não se atualiza senão pontualmente quando do evento (este evento sendo tanto uma palavra discordante na boca do paciente como uma interpretação na do analista), não há, então, um inconsciente do analisando e um outro próprio ao psicanalista; não há, senão, um só inconsciente, aquele do "entre-dois", entre poltrona e divã ou, melhor ainda, aquele que se abre quando do evento, o que nos leva à proposição seguinte: "*a transferência analítica é homeomorfa ao inconsciente*". Pondo, assim, a equivalência entre inconsciente e transferência, surge, então, uma multiplicidade de questões, sendo que uma delas é preferível manter sem resposta: há inconsciente fora da análise? Ou ainda aquela que nos interessa aqui: se o inconsciente é homeomorfo à transferência, qual é o lugar geométrico deste "entre-dois" do inconsciente? Mas não é só para o inconsciente esta última questão; ela se põe de novo para o gozo que também deve ser situado no "entre-dois".

Porém, digamos primeiro que o gozo é uma ficção, nossa ficção. É uma linha de horizonte, a linha de horizonte do evento no tratamento. É a ficção de um lugar impossível, temível. Impossível, porque é impossível que ao menos duas representações significantes se articulem para nomeá-lo e temível porque o ser falante e sexuado que somos não o quer. Nada caracteriza melhor o neurótico que sua recusa de gozar, de satisfazer plenamente o desejo. Mas a verdadeira dor, o verdadeiro *pathos** não reside aí, na renúncia ao gozo, mas no *efeito desta renúncia.* Entre nós e a ficção de uma satisfação absoluta, entre o sujeito e o real, há a realidade, não uma, mas realidades, uma multiplicidade de realidades, todas locais, cada uma delas tendo sua consistência própria, imaginária e significante. Ora, nenhuma delas se consagra como realidade a não ser à expressa condição de uma separação. A realidade se abre com uma palavra e se fecha com um objeto que se separa. Não há realidade sem que tenhamos atravessado pela experiência da separação e sem que o objeto, na sua separação, tenha deixado para sempre o vestígio de um umbigo (Gráfico 1).

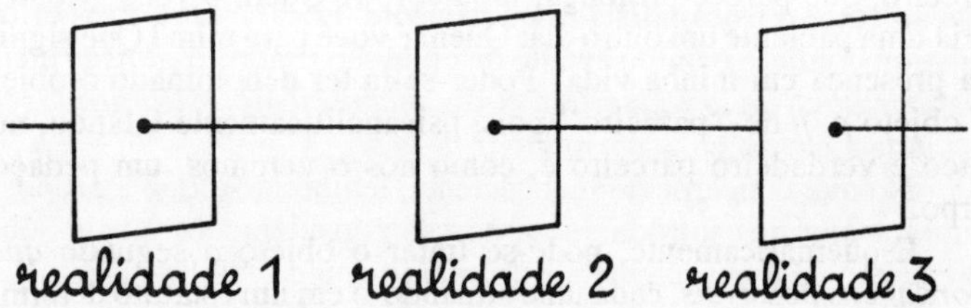

Gráfico 1

* *Pathos* no original, conotando o que se sofre, de onde vem a palavra patético — que provoca emoção. (N.T.)

Agora, não utilizemos mais o termo realidade, mas desejo: diremos que entre o sujeito e o real do gozo estende-se a *escala das satisfações parciais e substitutivas do desejo*, cada um dos degraus desta escala, cada uma destas satisfações sendo uma barreira contra este gozar absoluto. Eis a grande diferença entre gozo e desejo: o desejo deve se situar entre o sujeito e o gozo (no primeiro sentido de gozo absoluto). Porém, a escala não é infinita e o desejo contenta-se finalmente com poucas coisas: com significantes — e são as formações do inconsciente que se produzem — com o objeto — resultando no que proponho nomear de formações do objeto.

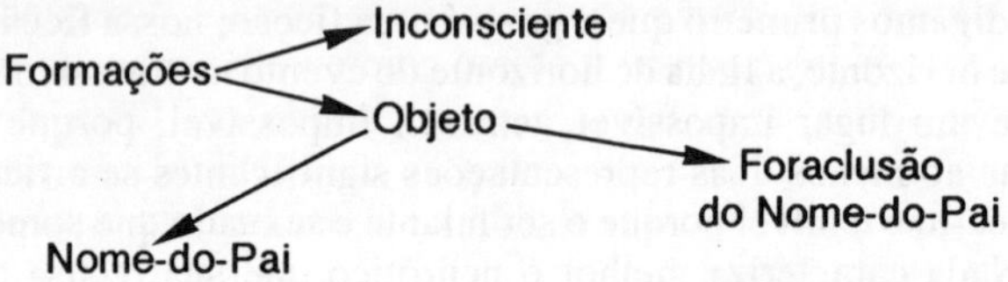

Consideremos agora o objeto, uma vez mais. Freud se servia deste termo ''objeto'' para designar o parceiro, isto é, a pessoa alvo da tendência sexual.

Ora, desde este primeiro emprego e até hoje com Lacan, o termo ''objeto'' recebeu várias acepções. Mas um fio representado por esta letra *a* que o acompanha permanece intacto. Não é a primeira letra do alfabeto, mas a primeira letra da palavra *autre**. Com a letra *a*, Lacan não resolve um problema, ele o nomeia. Um problema que pode se condensar em uma questão: quem é o outro? Quem é este outro, meu parceiro, que parece prolongar meu corpo? Quem é você? Como me dizia uma paciente um outro dia: Quem é você para mim? Que significa sua presença em minha vida? Poder-se-ia ter denominado o objeto *a* de objeto *p, p* de ''parceiro'' pois, psicanaliticamente falando, nosso único e verdadeiro parceiro é, como nós o veremos, um pedaço de corpo.

Esquematicamente, pode-se tratar o objeto *a* segundo *quatro abordagens possíveis*, cada uma situando-o em um estatuto determinado. Esta noite trabalharemos o último e não farei mais que mencionar os três primeiros:

* Outro em português. (N.T.)

1) estatuto *topológico*: o objeto é um buraco tendo por função ser a causa da repetição significante;

2) estatuto *físico*, seguindo duas variantes: uma, de pensar o objeto através da teoria dos fluxos e demonstrar que o trajeto da pressão pulsional em torno do orifício é equivalente ao objeto da pulsão. Em outros termos, o objeto oral, por exemplo, é equivalente à pressão pulsional em torno da boca. A pulsão oral é assim chamada, não porque o objeto é o seio, mas porque o orifício é a boca e o que devemos ver aí é sobretudo que se trata de um gozo de boca — é o orifício e a pressão em torno do orifício que contam. É o que demonstra o teorema de Stockes do qual eu lhes fiz menção da última vez: uma pressão em torno de uma boca é equivalente ao objeto dessa pulsão. A segunda variante do estatuto físico é pensar o objeto com o velho conceito de descarga e então servir-se da teoria bem conhecida em física dos osciladores harmônicos: há uma concentração, uma acumulação progressiva de energia e uma descarga rápida e súbita. Pensem aqui na passagem ao ato, por exemplo;

3) estatuto *epistemológico*: para mim, o objeto da psicanálise é, epistemologicamente falando, o desejo do psicanalista.

Vejamos agora o quarto estatuto, aquele que nos vai reter. Não se trata mais de objeto como buraco, mas como *excesso*, como coisa destacada. Se tivéssemos utilizado o vocabulário de Freud no "Projeto", teríamos dito: quando o trauma é seguido de uma inibição da descarga motora, um excesso de energia fica à deriva. Essa noção de excesso de energia é, se quiserem, uma figura freudiana do objeto. Retornarei a isso. Encaramos, portanto, o objeto como excesso, como coisa destacada; destacada de quê? Destacada do corpo quando ele é atingido, e ele é atingido quando há trauma e repetição de trauma, quando determinada conjuntura vital não cessa de se repetir uma e outra vez na história de um sujeito. Resumindo, o corpo é atingido e o objeto dele se separa quando a repetição significante laça seu laço e mantém sua consistência de cadeia. Há uma outra palavra mais precisa para dizer isto: é a palavra corte, corte fechado e circular.

Depois, no ato de destacar, há também uma questão de tempo. É justamente um dos aspectos de que irei tratar, na próxima vez, a respeito das lesões de órgão, onde proponho que há um tempo preciso no trauma que será resolvido por uma lesão psicossomática. Há um tempo na separação que faz com que o objeto seja sempre muito rapidamente reencontrado — o objeto se destaca sempre na urgência — enquanto que o tempo de gozo é um tempo demasiado curto, é um tempo intolerável. É diante do intolerável do tempo do gozo que o objeto se destaca na urgência.

O objeto é portanto um mais, um excesso, um fora-do-corpo, mas feito da mesma matéria que ele, ou seja, de gozo, um excesso de gozo. Este é um ponto muito difícil, um daqueles que me custou mais a apreender. Dizer "o corpo" em psicanálise pode tanto designar o corpo visto como uma ficção e aí ele é lugar de gozo absoluto, como designar o corpo como um pedaço de corpo, como um fora-do-corpo, e isso é o objeto. Vou-me explicar melhor agora.

Vamos, porém, à nossa questão central, aquela que para mim define o eixo das formações do objeto: em qual espaço ele cai? Qual o destino do excesso? Em dado momento, eu pensei fazer eco a Freud e intitular esta exposição de "o objeto e destino do objeto". Quais são estes destinos? Haveriam dois: um destino epistemológico, o objeto permanecendo buraco para sempre, e um destino clínico: é deste que gostaria de tratar esta noite.

Dizer que o objeto é um buraco, como nós o dizemos em geral (cada vez que se trata do objeto, se diz que é uma falta, um buraco, ou mesmo um excesso, como acabo de dizer), não é suficiente; não é aí que a ênfase deve ser posta. A ênfase deve se colocar sobre o fato de que o objeto como buraco ou como resíduo é excêntrico ao sujeito, como sendo fora de nós, a nosso lado. Direi, portanto, que o destino deste objeto é retornar ao sujeito como vindo do real, sob a forma de diferentes formações clínicas das quais o protótipo é a fantasia.

Paremos um instante e retomemos o que acabo de dizer em quatro momentos:

1) o objeto é um pouco de gozo;

2) "meu" gozo, tal dor ou tal olhar, eu não o experimento senão ofuscado, o corpo atingido;

3) esse gozo não é "meu", eu não o encontro senão fora e à deriva.

4) esse gozo erra até que como sujeito eu nele me confunda, tornando-me, por exemplo, todo olhar;

5) supondo, como queria Freud, que haja uma "percepção endopsíquica", o retorno do objeto vindo de fora, do real, em direção ao sujeito, seria percebido por este como o buraco de uma *alucinação negativa*, isto é, alucinar que não está aí determinado objeto que está. Tenho, a propósito, um exemplo que me parece muito claro: trata-se de um sonho, relatado na primeira página de um livro que se chama *A aventura imóvel* de Monelle Arnodas, de uma mulher que ficou paralítica há vinte anos, em razão de um acidente de moto sofrido junto com seu marido, logo após o casamento. É, portanto, a história de alguém que tenta viver apesar de sua paralisia. Há, em particular, algo de muito importante: o nascimento dos filhos: o primeiro foi natimorto,

depois ela teve igualmente dois outros. Ela conta, portanto, o sonho seguinte, que, para mim, serve perfeitamente de exemplo ao que quero dizer: "sonhei que empurrava a poltrona sobre a qual estou sentada há anos. Era para mim inconfessável. Simon (o marido) estava lá, em uma presença virtual". É um exemplo muito bom para compreender que o gozo dessa mulher é parcial, ligado ao andar. É um gozo de andar e não um prazer, como aquele que podemos ter andando pela montanha. Este gozo de andar é dado pelo fato de que ela sonha em andar. É um gozo parcial uma vez que diz respeito tão-somente ao andar, ligado que está aos pés, às pernas. Além disso, se nós não sabemos o que é o gozo de andar, essa mulher o sabe porque é paralítica, como se precisasse ser atingida pela paralisia das pernas para ver retornar sob a forma de um sonho, isto é, de fora, o gozo parcial do andar. O objeto aparece sempre deste modo, sob a forma de um sonho, de uma fantasia, de uma passagem ao ato, de um *acting out*. O objeto não está nunca no interior do sujeito, ele reaparece sempre de fora sob diferentes formas clínicas — são estas que denomino de *formações do objeto*.

Chamo formações do objeto não as produções causadas pelo objeto (que seria o caso justamente das formações do inconsciente), mas as formas que utiliza este gozo parcial retornando ao sujeito como vindo do real. O termo, mesmo, de formação busca estabelecer uma invariante que nos permita correlacionar diferentes entidades clínicas com a fantasia, o *acting out*, a passagem ao ato, a lesão de órgão ou ainda a alucinação. Isto é, *um conjunto de formações do qual a operação subjacente é o retorno deste objeto que não existe senão fora, excêntrico ao sujeito*. E, se é que há uma lei — que ficaria por estabelecer — ela caracterizaria este retorno como uma cristalização das palavras e imagens envolvendo o objeto, tal como um quisto é recoberto.

Decerto Lacan já nos propôs uma articulação escrita para dar conta da fantasia, $ ◊ a, mas, por um lado, prefiro falar de formações do objeto a fim de abarcar outros fenômenos clínicos além da fantasia e, em seguida, acentuar na sua operação constitutiva, não a separação, mas o retorno do objeto, a fim de distinguir duas vias possíveis. Dois grupos de formações seriam então especificados segundo a via de retorno seja tipicamente a identificação fantasística* (o sujeito acolhe

* *Identification fantasmatique* no original. A alternativa "identificação com a fantasia" foi descartada, uma vez que a expressão em questão aponta para o estatuto da identificação e não estritamente para o objeto da identificação. (N.R.)

o objeto nele se transformando), seja o desejo levando para mais longe ainda o limiar contra o gozo, se satisfazendo de outra forma que com significantes (sintoma) ou fantasias. O objeto reapareceria no real, sim, mas enxertado no corpo de um outro sob a forma de uma alucinação, de uma ação (passagem ao ato) ou de uma lesão de órgão. Um deseja, mas é o outro que alucina ou sofre; um é tomado de desejo parricida, mas é o outro que mata. Parafraseando o ditado lacaniano, adiantarei que o desejo foracluído por um é realizado pelo outro. Digo desejo foracluído porque aqui a filiação não é mais aquela do significante do Nome-do-Pai que falta, mas aquela do objeto em errância.

É o exemplo tocante que Freud analisa no seu belo texto *Dostoievsky e o parricídio*: Ivan deseja fazer desaparecer o velho Karamazov, mas é Smerdiakow quem comete o crime. O que se segue neste texto passo a passo — e não sem tensão — é o deslocamento do limite contra o gozo absoluto cada vez para mais longe. Freud faz uso das três célebres figuras — Édipo, Hamlet e Irmãos Karamazov — cada uma reencontrando, sem sabê-lo, seu desejo na efetivação cada vez mais distanciada de uma ação: Édipo deseja e realiza ele mesmo o desejo de matar seu pai; Hamlet o deseja também, mas é um estrangeiro quem comete o assassinato e, enfim, os Karamazov são tomados do mesmo desejo parricida, mas é o filho adotivo quem o perpetra. Cada um vê retornar, como vinda de fora e sob a forma de um ato criminoso, a parte de gozo local e substitutiva do desejo parricida — o objeto retorna ao sujeito sob a sombra, a máscara ou as vestes de um assassinato cometido por um outro. Freud toma seus exemplos na literatura, mas esses deslocamentos de objetos verificam-se na nossa experiência. Quando o paciente deseja, é o analista quem sonha ou mesmo (por que não?) alucina. Em "Construções em análise", Freud não é reticente em reconhecer que as intervenções do analista fazem o paciente alucinar. Ele não diz que o inverso seja verdadeiro mas por que excluí-lo? Há um outro texto, "Análise terminável e interminável", em particular o capítulo III. De fato, quando digo que um deseja e o outro alucina, estamos diante de uma transmissão, não significante, mas da ordem da fantasia. Há bruxaria aí dentro! Recordem-se do modo de Freud qualificar a metapsicologia: preocupado em "domar" a pulsão, ele escreve que "diante desta dificuldade, é necessário apelar para a bruxa, a saber, a bruxa metapsicologia. Sem a especulação metapsicológica e sem a teorização" — eu quase diria a fantasiação* — "não se avançará

* *Fantasmatisation*, no original o comentário entre travessões é do Dr. Nasio. (N.T.)

sequer um passo. Infelizmente, as informações da bruxa não serão, desta vez ainda, nem muito claras nem muito detalhadas".

Agora, antes de tentar caracterizar melhor as formações do objeto e de as distinguir daquelas do inconsciente, gostaria de parar por um instante, para tirar uma primeira conclusão relativa ao problema do espaço da experiência analítica. Duas observações se impõem: primeiro — falando-lhes, eu me utilizei do termo "fora", ou, na minha definição das formações do objeto, da expressão "vindo do real". Com o operador "retorno", coloca-se de fato o problema deste fora, uma vez que se pode interrogar sobre o lugar de onde provém este retorno. Freud mesmo teve que reconhecer que para o sonho, a fantasia ou outras formações clínicas, a fronteira dentro/fora — para ele o sistema percepção-consciência — era destruída e ele nomeou então esses retornos de "efrações narcísicas", como se pensasse em uma espécie de patologia da fronteira. Claro, a fronteira permanece enferma enquanto se persiste em conservá-la e a ficar prisioneiro — como Freud — da antinomia dentro/fora. Ora, não penso que seja preciso manter a fronteira entre o dentro e o fora. Quando eu lhes dizia "vindo do real", não se tratava de uma transposição da palavra "fora" pela palavra "real". O real, o gozo inatingível, não é um fora disfarçado, é uma outra coisa que um fora. Eu lhes proponho não mais imaginar o real como uma extensão impossível ou um horizonte inatingível, mas proceder a uma redução deste real — como uma cabeça — e considerá-lo como o conjunto dos pontos do infinito reunidos em uma reta: a reta dos pontos no infinito do plano projetivo. E utilizando-nos da figura topológica do *cross-cap*, imaginar este real como uma ranhura por onde se entra ou se sai, sem jamais, de fato, sair nem entrar em parte alguma. Afirmar que o objeto retorna do real equivale a dizer que o trajeto do corte que o destacou passou ao menos duas vezes através da estreita e enorme porta do real.

Segunda observação: se retomamos o que adiantamos no início de nossa intervenção concernente ao inconsciente, colocando-o entre a poltrona e o divã, ou considerando-o como uma cadeia significante na qual vêm inscrever-se indistintamente analista e analisando, e se acrescentamos que, em se tratando do objeto, não há senão "errância" atravessando sem obstáculo os limites naturais do corpo dos parceiros presentes, e se, enfim, juntamos estes elementos, significante e objeto, num plano exterior aos sujeitos, vindo cortar o tratamento em certos momentos (o que chamamos de evento analítico), chegamos então à seguinte conclusão: tanto o analista com uma interpretação quanto o paciente com um sintoma, uma fantasia ou uma alucinação põem em ato, sem sabê-lo, um "aparelho psíquico com extensão espacial" (Freud). O domínio do psíquico não deve ser limitado a algum lugar dentro do indivíduo (como se diz) e o mundo fora. A experiência da análise, quando ela é efetivamente experiência, não é nada mais que o engendramento de uma psique "fora" que, ao modo de uma cabeça psíquica, envolveria sem discriminação analista e analisando.

Retornemos às formações do objeto nas quais tínhamos distinguido duas espécies: aquelas onde o retorno do objeto constitui uma identificação fantasística e aquelas onde o retorno do objeto se implanta, se enxerta no corpo de um outro sob a forma de uma lesão, de uma ação ou de uma alucinação. O operador retorno nos serviu de invariante, mas não é suficiente. Fui, assim, levado a me referir à consistência da rede significante e a pensar em um segundo operador, ou seja, o do corte. Existiriam, então, duas espécies de formações do objeto: aquelas que se fazem com consistência de rede significante, tendo como protótipo a fantasia ou o *acting-out*, e as formações do objeto onde há uma falta do Nome-do-Pai, tendo como protótipo a passagem ao ato, as lesões de órgão e a alucinação. No primeiro grupo de formações, o corte fechado é traçado passando por este ponto no infinito que determina a consistência de rede significante. No segundo grupo, há uma falta ou foraclusão deste ponto exterior e o corte tem um outro trajeto que ainda fica para mim como algo a melhor delimitar. Em todo caso, prefiro manter a hipótese de que a foraclusão do Nome-do-Pai é o mecanismo específico daquelas três formações, à condição, claro, de limitar estritamente a foraclusão a uma falta local. Falar de foraclusão não implica de nenhum modo, a meu ver, falar de psicose ou, de preferência, implica embaralhar a fronteira neurose/psicose. É por isso que lhes desenhei, há pouco, muitas realidades, cada uma com sua consistência própria — o que pode nos fazer compreender que alguém tendo, por exemplo, uma hipertensão, teria a ver com uma realidade onde há falta do Nome-do-Pai, isto é, que há foraclusão para esta realidade. Não é por isso que o sujeito é louco. Que alguém faça uma alucinação implica uma realidade na qual a consistência comporta uma falta do Nome-do-Pai, isto é, uma consistência inteiramente particular, onde a cadeia comporta uma incoerência do fato de que não há o Nome-do-Pai, não há significante exterior. É aí que está o interesse em se utilizar o termo realidade: poder trabalhar com fenômenos locais, falar não de uma realidade global, mas de uma multiplicidade de realidades.

Não gostaria de terminar sem fazer intervir o psicanalista, primeiro através de uma observação e depois pela via de uma interrogação.

Antes, a observação: diferentemente das formações do inconsciente, as do objeto — à exceção talvez da fantasia — são formações terminais: elas não resultam nem fazem parte de nenhuma combinatória. Um sintoma, ao contrário, é não somente formado por deslocamentos e substituições significantes, mas se tornará, assim que produzido, um novo elo entre outros na rede significante, constitutivo de um outro e futuro sintoma. Que as formações do inconsciente resultem de uma combinatória e venham a ser absorvidas no processo formador de uma outra, torna-as acessíveis à introdução de novos elos, isto é, à interpretação do psicanalista. O que especifica as formações do inconsciente é o modo de operar com elas: elas são decifráveis, enquanto que as formações do objeto não o são; elas são *signos* e se as trata como tais, substituindo-os uns aos outros. Decifrar não quer dizer desvelar o sentido oculto, mas permutar um signo por outro, introduzir uma nova cifra e compor uma nova seqüência de signos. Insisto, decifrar não é construir nem reconstruir uma história, mas fazer história, participar dela sem saber.

Vê-se que a intervenção do analista freqüente e determinante com um sintoma, possível mesmo com uma fantasia, verifica-se difícil, na verdade impossível, com uma passagem ao ato suicida, por exemplo. Nesse caso, o analista fica de molho — o objeto, sob a forma de uma ação intempestiva, não se inscreve em nenhuma relação significativa. Não é questão de decifrar, é preciso voltar ao começo, a um começo fictício, a uma questão infantil, a primeira de todas: por quê? Trata-se de converter o que é silêncio das pulsões em um enigma, isto é, nomear: colocar uma questão que seja signo.

Para terminar, deixo-lhes minha última interrogação: se retomamos a tese bastante conhecida de Lacan, de que já tratei em outro lugar, segundo a qual o lugar do psicanalista é o do objeto *a* e que, em geral, a experiência da análise é dominada por este objeto, disso resultaria que as formações, talvez as mais relacionadas ao fato pulsional, talvez as mais limítrofes da nossa experiência, são estruturadas como esta experiência mesma. O que se passa? De um lado, afirmamos que a psicanálise se desenrola no campo da palavra e da linguagem mas, de outro, concluímos que ela é uma experiência de gozo, figura excessiva da pulsão, em resumo, uma formação do objeto.

Respostas às questões

(Se a análise é uma primeira formação do objeto, onde está seu parentesco com a passagem ao ato?)

Vocês viram que esta questão foi o final de minha exposição, isto é, minha própria interrogação. Fazer esta aproximação já é dar um passo — isto muda enormemente a questão. Concretamente, se dizemos que o discurso analítico é uma formação de objeto, então o lugar do analista como aquele que escuta é completamente derivado para um lugar como o de uma alucinação, por exemplo. Eu não teria falado de passagem ao ato, mas de *acting-out*: creio que uma análise tem mais a ver com o *acting-out* que com passagem ao ato.

É diferente dizer que o analista está no lugar da escuta, que se vai ao analista porque ele ouve, porque ele escuta — se poderia precisar melhor dizendo que o analista está no lugar do Outro da demanda, ou mesmo, como já tínhamos estudado, que o analista está no lugar do Outro da demanda, do Outro do saber e do Outro do gozo. Façamos uma volta: o analista está no lugar do objeto — esta é a fórmula de Lacan, todo mundo a aceita. Mas se dizemos isso, há várias coisas a esclarecer. Primeiro, que jamais o analista está no lugar do objeto, ele é confrontado com este lugar. Mas se ficamos com essa idéia de formações do objeto, chegamos a fazer ainda um pequeno quarto de volta para dizer que sustentar que o analista é confrontado com o lugar do objeto equivale a dizer que o analista, em certos momentos do tratamento, retorna ao paciente sob a forma de uma alucinação. Isto, para mim, tem um valor clínico muito importante. Quando aquela paciente me dizia "quem é você"?, que ela me perguntava com um acento de ser tomada pela questão, eu me dizia que este "você" do qual ela falava é quase da ordem da alucinação. Ora, isto se compreende pelo viés das formações do objeto, isto é, por ter seguido a idéia, não de que o analista é um buraco, tampouco um buraco excêntrico, mas de que o analista retorna ao sujeito de fora, sob a forma de uma alucinação. Assim sendo, insisto que não faço mais que colocar o problema — não posso, ainda, ir mais longe.

Uma das dificuldades maiores reside no fato de que, nas afecções psicossomáticas, uma das dificuldades do analista para recolher esta formação do objeto *a,* que é uma enfermidade psicossomática, vem do fato de que o objeto retorna ao sujeito em outro lugar, como se o lugar do analista, eu dizia, lhe fora subtraído.

(...)

Suponhamos que o objeto transicional de Winnicott seja a chupeta. Poder-se-ia dizer, numa primeira aproximação, que a relação da criança com a chupeta é uma fantasia pois, no meu entender, a fantasia não é um imaginário interno, desenrolando-se na cabeça, não é um devaneio, mas alguma coisa que se dá na ação, no espaço tridimensional.

Pegar uma chupeta é um bom exemplo de fantasia. Ora, deste ponto de vista, se poderia dizer que a chupeta é o retorno do objeto sob a forma de uma chupeta. O objeto transicional de Winnicott seria então um exemplo do que seria um objeto transicional que retornaria ao sujeito sob a forma de uma chupeta, ou de um dedo etc.

SEMINÁRIO VII

13 de junho de 1983

Vamos esta noite retomar e concluir, pelo menos provisoriamente, a elaboração metapsicológica da lesão de órgão. Queria primeiro corrigir certas proposições finais feitas em 13 de março, para depois tratar da questão do sujeito.

Eis os pontos alcançados em todas as elaborações analíticas feitas atualmente sobre as afecções psicossomáticas. Todos os autores concordam em dizer que estas formações psicossomáticas ou, como as chamo, lesões de órgãos, devem ser incluídas no quadro da teoria do narcisismo e, mais precisamente, devem ser consideradas como uma *perturbação da identificação narcísica.* O paradigma, o exemplo maior da perturbação da identificação narcísica, é a *paranóia*, ou como dizia Freud, a parafrenia. Na época de Freud, a parafrenia era uma entidade que agrupava a paranóia e outros delírios crônicos; hoje, não se diria mais que a parafrenia e a paranóia são a mesma coisa: a influência americana faz com que, na França, as classificações nosológicas sejam complicadas.

Lembro-lhes em duas palavras como Freud concebe o narcisismo, pois penso que a maior parte de vocês o sabe, embora não se saiba bem, de modo geral, situar suas diferentes fases e etapas. Dois casos, o de Schreber e o de uma neurose obsessiva em uma mulher, ensinaram a Freud como pensar o narcisismo, ou, em todo caso, como situar as diferentes fases do desenvolvimento libidinal nas quais o narcisismo vai se situar. Há quatro etapas do desenvolvimento libidinal. A primeira é a fase auto-erótica, na qual as pulsões parciais estão separadas — não intrincadas, como acontece com o sujeito neurótico — e procurando cada uma, satisfação sobre o próprio corpo. Parece-me importante observar que este termo de auto-erotismo implica a satisfação auto-erótica. Há uma outra fase, a última, que devo mencionar agora, onde todas as pulsões são concentradas sobre uma escolha de objeto, ou seja, sobre um parceiro sexual. O importante aqui é que, nesta fase, todas as pulsões agem, operam, exercem-se sobre o objeto, sob a égide do falo ou, como diria Freud, dos órgãos genitais.

Ora, as coisas aqui se complicam. Por causa de Schreber, Freud insere uma nova fase entre as duas que acabo de lhes indicar e a chama de estádio (e não fase) narcisista, que se caracteriza pelo fato de que a escolha de objeto foi feita, todas as pulsões parciais estão concentradas em um objeto exterior. O que é estranho, porém, ao mesmo tempo, elas vão retornar sobre o Eu, exercer-se sobre o Eu que tornar-se-á o primeiro objeto sexual. É por isso que, cada vez que se ouve a palavra narcisismo, deve-se acrescentar "só depois", ou seja, secundário. Não há narcisismo senão secundário (mais tarde falaremos do primário), que é o narcisismo clínico por excelência. Há uma coisa muito importante, com relação à teoria lacaniana: este narcisismo secundário faz-se sob a égide do falo, isto é, de uma escolha que já foi feita sobre um objeto sexuado ou, para falar em nossos termos, o significante fálico sobre a operação narcísica.

Por fim, a quarta etapa: Freud estuda, em 1913, o caso de uma mulher estéril, obsessiva, mas que, no início, não o era. Freud surpreende-se ao constatar que esta mulher manifesta sintomas obsessivos muito nítidos, muito claros, de tendências sádico-anais, após o retorno do marido de uma viagem que fizera. Faz então uma outra hipótese segundo a qual deve-se acrescentar ainda um outro estádio antes da fase final, que não seja secundário, porém onde as pulsões exercem-se sobre um objeto sem que haja a égide do falo, sem que se trate de objetos genitais (aqui seria necessário precisar melhor). Portanto, para resumir, temos uma primeira fase auto-erótica, uma última, na qual se faz uma escolha de objeto-genital, uma segunda, cronologicamente, mas só depois, que é o narcisismo no caso da paranóia, e, enfim, uma fase na qual as pulsões se exercem sobre uma escolha de objeto pré-genital. Aconselho a leitura, a respeito, de um pequeno texto de Freud, pouco lido, que explica bem melhor que a "Introdução ao Narcisismo": "A Disposição à Neurose Obsessiva — uma Contribuição ao Problema da Escolha de Neurose".*

Ainda dentro de nosso tema, a lesão de órgão, eu queria indicar-lhes a maneira como Lacan, num texto antigo, por volta dos anos 50, trata a hipertensão arterial maligna. Para tanto, aplica seu esquema, a matriz

* E.S.B., vol. XII. (N.R.)

do estádio do espelho. Ora, o estádio do espelho é a tradução da teoria do narcisismo de Freud, com uma diferença: Lacan inventa um elemento decisivo, um artifício muito importante que, na minha opinião, provocou muitos problemas nas nossas instituições e que ao mesmo tempo apresenta uma vantagem notável: o espelho. Isto é, em vez de afirmar que há uma escolha de objeto, retira-se a palavra "objeto" e coloca-se um espelho, tira-se o parceiro sexual e coloca-se um espelho. Isso significa que, para Lacan, a coisa acontece entre um Eu e o espelho, ou, mais precisamente, entre um pequeno corpo prematuro, que não se sustenta muito bem — o neném — e uma imagem ideal que poderá apreender. E a grande característica do estádio do espelho é essa: é um drama que se desenrola entre um corpo prematuro e uma imagem total idealizante que o ultrapassa, mas que a criança saberá apreender: o corpo não estará à altura desta imagem, mas "ele" saberá apreendê-la libidinalmente. Disse-lhes, no início do ano, que no triângulo imaginário, entre o Eu e a imagem, a personagem principal não é a imagem, nem o Eu, e sim a *libido* — é o *elemento fundamental do imaginário*. Deve-se pensar a libido como uma energia de tipo potencial, isto é, que surge, que se desenvolve quando há uma distância. O exemplo mais claro de energia potencial é o da catarata: basta que haja dois níveis, e ainda, outras condições, para a energia potencial surgir. No caso que nos ocupa, os dois níveis são o corpo prematuro e uma imagem idealizante.

Há dois textos de Lacan sobre o estádio do espelho, um escrito em 1936 e o outro em 1948. Ora, ele vai tentar aplicar o estádio do espelho e há um texto muito importante no qual faz trabalhar de maneira clínica o estádio do espelho — o texto sobre a agressividade — cuja leitura lhes recomendo vivamente, para pensar a questão da psicossomática. Para entender, portanto, o que é a lesão de órgão, aconselho a leitura do "Estádio do espelho" e da "Agressividade em psicanálise".* Lacan faz duas aplicações clínicas: uma para a psicose e a outra para a lesão de órgão e, em particular, a hipertensão arterial. A respeito da psicose, reúne um leque muito extenso e diverso de formas diferentes, de condutas diferentes do paranóico, que vão do sentimento de perseguição, do ressentimento, dos gestos agressivos, dos atos nocivos, dos envenenamentos, ao suicídio etc. Quer dizer que se trata de uma série de organizações típicas da paranóia em particular, pois ele estudou para a sua tese a paranóia de autopunição. Ele formula

* Nos *Escritos*. (N.R.)

a hipótese de que todas estas formas dizem respeito a uma estagnação formal, de uma fixação formal. Há uma fixação formal da distância entre o Eu e a imagem.

Ele não aplica isso somente à paranóia, como tenta também fazê-lo para a hipertensão arterial maligna, chamada de forma branca, (existem duas formas, a forma vermelha e a forma branca, esta sendo a forma letal e que aparece nos jovens, nas mulheres jovens, nas jovens grávidas). Lacan diz que se reconhece que essa estagnação formal do Eu na relação com a imagem se produz em determinados momentos da vida — ele mantém a idéia de uma evolução temporal. Chama estes momentos de crises e descreve quatro delas: aos dois anos, oito anos, dezoito anos e trinta e cinco anos. Em cada uma dessas crises, há uma cristalização, uma fixação da distância entre o Eu e a imagem, sob uma forma agressiva. Isto quer dizer que, segundo ele, trata-se da base, da sustentação, do andaime sobre o qual se sustenta a agressão. Observo, entre parênteses, que quando trabalharmos a passagem ao ato, retornaremos a essa questão da agressão considerada como uma estagnação formal entre o Eu e a imagem com a diferença que, para a hipertensão arterial, Lacan considera, reunindo-se à posição clássica dos analistas da época, entre os quais Alexander, que há uma *inibição da agressão* à qual se substitui a lesão arterial. Propõe então fazer "curvas em sino"* que se produziriam em vários momentos no decorrer de uma vida.

Agora, a nossa posição. Estudamos o esquema do apelo e do retorno que nos serviu, e ainda nos serve, para dizer que o apelo que provoca o retorno sob a forma de uma lesão de um apelo fantasístico, que se caracteriza por três coisas: é um apelo maciço, quer dizer que se faz sob a forma de sons e imagens; é um apelo antecipador — em outros termos, que ultrapassa a capacidade de acolhimento do sujeito — e é um apelo fascinante. Nós dissemos então que não é um apelo significante — preferi pensá-lo como um apelo fantasístico, como, por exemplo, um grito de dor. Eu dei o exemplo desta mulher que vira, quando menina, sua avó quase morrendo engasgada por um espasmo da glote, e isto provocara, como que por uma espécie de transitivismo, um espasmo das artérias. Chamei, portanto, isso de apelo, o que poderia muito bem ser considerado como o tempo de um trauma.

* Provável referência a uma senóide. (N.R.)

Ora, devo corrigir isso, e, antes de tudo, a questão do tempo. Dizer que esse apelo é antecipador, ou seja, que está além das condições de acolhimento físicas e psíquicas da criança não basta para caracterizar as especificidades próprias do trauma que pode determinar uma lesão de órgão. Aliás, Freud inclinava-se em apresentar como típico da natureza humana o fato de que o Eu sempre está além das suas escolhas de objeto, ou melhor, que suas escolhas de objeto estão sempre em contratempo com o Eu — sempre há uma distância. E Lacan não propunha nada mais que isso — a distância da qual acabo de falar entre o Eu e a imagem é exatamente da mesma ordem: em lugar de uma distância traumática, é uma distância que fundamenta toda a estrutura psíquica, e não somente no nível imaginário onde a distância é a condição necessária para se pensar os fenômenos da paranóia ou a lesão de órgão, por exemplo. Com efeito, esta distância explica, fundamenta, dá lugar à castração: que é a castração senão o fato de que a criança não está capacitada a tolerar o desejo do Outro? Isso quer dizer que, para nós, não é possível tolerar o desejo do Outro: a criança não tem um órgão ou uma cabeça suficiente para responder ao desejo da mãe. Ela não pode, é impotente e simboliza, põe significantes no lugar. Isto é a *castração: colocar palavras no lugar de um órgão incapaz de responder ao desejo do Outro*. Não trepa com a mãe, mas diz: "eu te amo". Amar é uma maneira já extrema de simbolizar, inventar uma solução, uma saída para a impotência, para o impasse. Este esquema, o significante nascido do impasse, é constante, permanente, em toda a teoria lacaniana, e eu diria freudiana também. Em outros termos, a castração é o fato de *simbolizar cada vez que o corpo não responde*. O exemplo maior desta simbolização é o falo: no lugar do órgão peniano, há o significante fálico. O processo de simbolização do falo aplica-se como um molde a todos os objetos que têm a ver com o corpo — a castração é dizer e se enganar, aí onde não se pode fazer.

Em outras palavras, caracterizar o apelo, como o fizemos, como um apelo antecipador, não basta para especificar o trauma próprio da lesão de órgão. É uma questão que coloquei a René Thom, ao qual explicava as coisas como vou fazer agora para vocês. A resposta é tirada de "Além do princípio do prazer". Eu não renuncio à idéia de que o apelo é maciço, fascinante e antecipador, porém acrescento que este apelo chega ao sujeito sem que ele esteja preparado para recebê-lo, ou seja, sem que haja angústia. A definição que Freud dá de um impacto traumático sem angústia, que ele chama de pavor, é o sentimento que um perigo desperta em um sujeito não preparado. Poder-se-ia pensar, se tomarmos os três tempos de Lacan — o instante do olhar, o tempo para compreender e o momento de concluir — que nem houve mesmo instante do olhar. Ora, tenho a impressão de que há um pavor que se produziu a nível de um órgão local do corpo da criança: ao nível do fígado, ao nível do pescoço, ao nível dos cabelos etc. Isto quer dizer que o impacto do apelo provoca um pavor orgânico. Descobri mais tarde, aliás, que Margaret Maller fala de "pânico orgânico". Penso que ela também tomou sua fonte neste texto de Freud, porque, se ele não fala das lesões de órgãos psicossomáticos, constata, porém, aquilo que chama de "neuroses atuais". Descreve três delas: a hipocondria, a neurose de angústia e a neurose traumática. Se seguirmos a classificação de Freud, vocês podem colocar nas psiconeuroses: a histeria, a fobia, a obsessão e a paranóia (na época, Freud chamava a paranóia de neurose narcísica). Ora, essas neuroses atuais caracterizam-se pelo fato — e isso me faz pensar na lesão de órgão — de que se trata de sintomas que aparecem imediatamente depois do impacto traumático, isto quer dizer que são sintomas onde o pavor está imediatamente presente e o sintoma aparece imediatamente. Isto coloca uma questão: esta neurose é provocada por um sintoma imediato como se o peso da realidade fosse excessivo. Mas trata-se do vocabulário de Freud. Quanto a mim, diria antes que o que me interessa nas neuroses atuais, não é tanto o fato do sintoma aparecer imediatamente e de maneira transparente, visível, mas o fato de que o impacto que provoca essas neuroses seja o pavor e seja um impacto sem angústia.

Para voltar à lesão do órgão, eu diria mais: este pavor, este impacto, este momento traumático é despertado por um grão de realidade, isto é, por um apelo significante. Explico-me. Da última vez, falei de um único apelo, maciço, antecipador, fascinante. Desta vez, eu desdobro, distingo dois elementos: de um lado, o apelo traumático, provocador de pavor, e do outro, uma ocasião, uma condição ocasional, que viria despertar, reanimar o trauma (Gráfico 1).

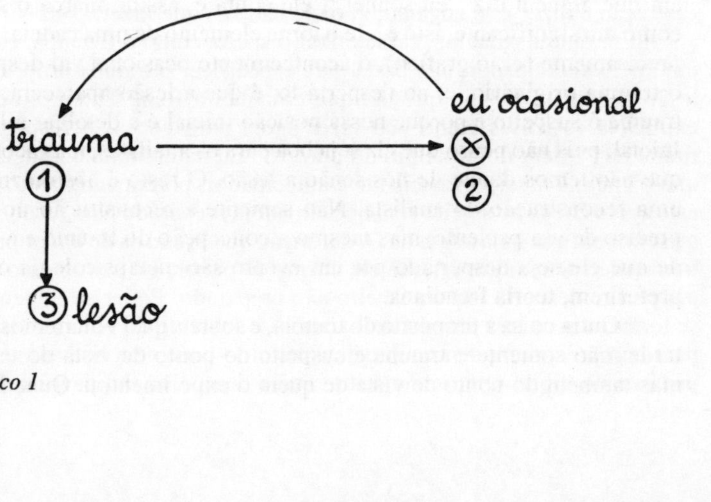

Gráfico 1

Queria parar aqui para esclarecer um ponto: vocês se lembram da mesa redonda quando respondi a Guir que não se trata de fazer psicogênese, enquanto ele colocava as coisas como se fosse necessário procurar os eventos particulares na história do sujeito, que depois se apresentam sob a forma de uma lesão de órgão. Aliás, a forma como lhes falo hoje pode lhes dar a impressão de que os incito a escutar aqueles que falam, para ver se em determinado momento não aconteceu algo apavorante — tendo a ver com o pavor — que explicaria o aparecimento de tal lesão em tal olho, ou o aparecimento de uma paralisia facial ou de uma hipertensão. É uma coisa que eu não faço: eu não me coloco em escuta para procurar eventos antigos. Porém, pelo contrário, coloco-me em escuta, ou procuro uma explicação para essas lesões de órgãos. Isto quer dizer que eu parto do princípio de que o "corpo" é um lugar de gozo e que uma *lesão de órgão* é uma *maneira particular de gozar* e tento explicar para mim e para vocês a metapsicologia. O primeiro elemento metapsicológico é a noção de *trauma.* Este termo que parece tão vivo é, na realidade, absolutamente metapsicológico. O trauma é uma invenção, uma suposição, uma inferência absolutamente indemonstrável. Não há nada de mais suspeito que um trauma. E isso em nada me impede de sustentar a tese segundo a qual este trauma é tal ou qual, mesmo se isto for absolutamente suspeito.

Isso me leva a uma segunda correção. Eu disse num outro dia que o trauma, isto é, o apelo que dá lugar ao retorno da lesão de órgão, não é significante mas fantástico. De fato, desde o momento em que o trauma é contado na vida como um elemento antigo, ele é significante. O que não impede que eu tente descobrir sua consistência própria. Para retomar o exemplo do sonho que discutíamos outro dia: nós nos perguntávamos se o sonho é sempre um relato. A partir do momento em que alguém diz "eu sonhei", ele conta e, assim, marca o sonho como um significante, isto é, ele o torna elemento de uma cadeia. Mais precisamente (cf. o gráfico), o acontecimento ocasional vai despertar o trauma originário, e, ao despertá-lo, é que a lesão aparecerá. Se o trauma é suspeito é porque nossa posição inicial é a de olhar a lesão. Inicial, pois não penso que ela seja boa para os analistas, mas acontece que não temos diante de nós senão a lesão. O resto é absolutamente uma reconstrução do analista. Não somente a reconstrução no caso preciso de um paciente, mas mesmo a concepção do trauma e a idéia de que ele seja despertado por um evento são metapsicologia ou, se preferirem, teoria freudiana.

Outra coisa a propósito do trauma, e sobre a qual voltaremos mais tarde: não somente o trauma é suspeito do ponto de vista do tempo, mas também do ponto de vista de quem o experimentou. Quando, no decorrer de uma análise, aparece um trauma, eu não saberia dizer se este trauma foi experimentado pelo analista ou pelo analisando. A mãe ou a criança, não sei quem experimentou o trauma. Se vocês acompanharam o que eu disse de outra feita a propósito da formação do objeto, compreenderão que *o trauma, como o objeto, se dá entre dois*.

Veremos agora o que eu gostaria de corrigir com relação ao apelo traumático. Volto à questão do retorno, isto é, à questão do objeto e do sujeito. Retomemos o estádio do espelho e corrijamos logo uma idéia que faz parte de mal-entendidos da teoria, da leitura do estádio do espelho. Quando se lê o estádio do espelho se revela a questão do júbilo da criança diante do espelho, diante da imagem. Este júbilo é da libido e, para nós, é do objeto, é uma forma que adota o objeto. Mas, se retomamos a idéia de transitivismo, parece importante dizer que o júbilo não é aquele da criança por sua imagem, mas que ele deveria ser o júbilo do Outro, isto é, o júbilo da imagem: é a imagem que deveria se rejubilar de ser total, e não a criança. Em outros termos, quando se pensa no estádio do espelho, se deveria dizer que é o contentamento da especularidade no Outro, e a insuficiência do Eu, na criança. O Outro se mostra completo, mas sou eu quem se rejubila. E se seguimos o transitivismo tal como Wallon o estudou, é a criança que cai e sou eu quem chora, a criança apanha mas é o outro quem sofre a dor no corpo.

É exatamente esse transitivismo, não mais imaginário, mas simbólico, que se dá entre seres falantes. Um esboça o gesto inicial de uma ação que será reconduzida e completada pelo gesto de um outro. E de um certo modo se poderia dizer que, em lugar de ser alienado pelo campo do Outro como bateria significante, se é cercado por uma rede não percebida de atos esboçados possíveis, que começam por nós e são concluídos por um outro. É, porque não, uma maneira de definir, nesta noite, a rede que significa o campo do Outro. Este movimento de retorno, de transitivismo imaginário nas crianças, Lacan o tira da ordem imaginária e o leva ao nível da ordem simbólica, inspirando-se no automatismo mental de Clérembault. É a famosa frase: "o emissor recebe sua própria mensagem invertida". Se eu a transponho ao que tratamos ficaria: "o emissor recebe sua própria mensagem não mais sob a forma de uma mensagem, mas transformada em uma lesão orgânica no outro".

Em termos freudianos, diremos que há uma relação entre paranóia e lesão de órgão (entretanto com uma diferença essencial). Nos dois casos, reconhecemos uma foraclusão do Nome-do-Pai. Lacan diz num texto do seminário *Ou Pior*, que a foraclusão é sempre foraclusão de um dizer. Mas este dizer, talvez o gesto que não me volta do Outro, pode ser o instante de olhar que faltou no impacto traumático, pode ser o Nome-do-Pai, isto é, algum significante relativo à filiação do sujeito. O que importa é que há foraclusão nos dois casos e que, nos dois casos, a foraclusão do Nome-do-Pai não separa, não permite separar o gozo do objeto do corpo inteiro. Não voltarei à distinção entre gozo do Outro e mais de gozar. Foraclusão do Nome-do-Pai quer dizer que não há distância entre o gozo local relativo ao objeto e o gozo do Outro. Em termos mais freudianos, falar de foraclusão do Nome-do-Pai e ver que o gozo não é mais normatizado pelo falo, significa que há isso o que Freud chama de "retirada da libido para o Eu".

Em outros termos, a lesão de órgão é a retirada da libido para o Eu como uma estagnação formal. Dizendo de outro modo, este retorno da libido para o Eu, implica uma identificação do objeto (libido) com o Eu, o que nos leva a pensar que o sujeito da lesão não é o sujeito que sofre a lesão, mas o sujeito da experiência da lesão: é o "sujeito-lesão". Nesse caso, o excesso de gozo e o Eu constituem uma única formação, uma lesão local. Ora, é assim que eu compreenderia a lesão de órgão como sendo um auto-erotismo. Por que auto-erotismo? Porque haveria uma identidade entre a fonte e o objeto, ou entre o Eu-corpo-fonte e o objeto de satisfação local auto-erótica.

(...)

Acabam de me fazer uma observação que finalmente não se compreendia bem onde situar na concepção freudiana, isto é, no quadro da teoria do narcisismo, a lesão de órgão. Se eu respondo a esta questão, respondo, ao mesmo tempo, à questão do sujeito da lesão. Primeiramente, tal como acabei de descrever os quatro momentos do desenvolvimento libidinal e situar o narcisismo secundário após o auto-erotismo e antes das duas fases de escolha de objeto, uma pré-genital e outra genital, eu concebo a lesão de órgão como compreendida numa etapa auto-erótica, isto é, nessa etapa na qual a pulsão parcial obtém prazer sobre o próprio corpo, o que equivale a dizer que a fonte da pulsão é idêntica a seu objeto. A fonte da pulsão é o Eu, nos dois vetores gerais que se dão entre o Eu-corpo e a escolha de objeto. Entre o Eu-corpo e o objeto, é o Eu-corpo que é fonte. Ora, o Eu é a fonte e é o objeto. Mas, e aí está a diferença com a paranóia, na qual o Eu é também fonte e objeto, porém *todo* o Eu é uma fonte, isto é, é um retorno para o Eu, tomado globalmente, ao passo que, na lesão de órgão, é uma tomada local, parcial, delimitada. É isto o auto-erotismo, e é assim que penso que se pode situar o auto-erotismo da lesão de órgão.

Isso nos leva a distinguir o sujeito no caso da paranóia e no caso da lesão de órgão. No caso da lesão de órgão, o sujeito é local, suplementar, ele não é dividido, não é o sujeito dividido do inconsciente. Ele não é dividido pela clara razão de que resulta da foraclusão do Nome-do-Pai, isto é, que há falta de um significante, portanto não há distância entre um significante ao qual ele possa se amarrar, se fixar, se ligar e a cadeia de significantes na qual o sujeito se afanisa. Este sujeito, o da paranóia e o da lesão de órgão, na medida em que há foraclusão do Nome-do-Pai, não se afanisa. Quando digo que não se afanisa, quero dizer que é um sujeito livre. O louco é alguém livre, bem como aquele que está doente de alguma coisa no corpo o é — mesmo se eles sofrem, há alguma coisa da ordem de uma liberdade que nós não temos. Essa liberdade consiste no fato de que o louco e o enfermo psicossomático (não falo mais que desses dois esta noite) não têm que se alienar em um destino a advir, eles não têm que seguir, que esperar, que se apagar em uma cadeia, em uma história, em uma repetição. Eles não se apagam, eles não se afanisam, eles são: eu sou onde não penso; eles são* aí. Um está na lesão compacta, local, parcial, o outro está lá também, mas é um pouco diferente, porque ele está aí com o gozo de Deus. É o caso da paranóia, onde é o gozo do Outro que domina. Nos dois casos, há foraclusão do Nome-do-Pai, portanto não há significante fálico que possa regular o gozo. A partir deste momento, o gozo está à deriva, salvo que, no caso da paranóia, o gozo que domina é o gozo do Outro, e no caso da lesão de órgão, o gozo que domina é um gozo local que eu diria auto-erótico, parcial. O sujeito não faz senão seguir, porque o sujeito é o efeito disto, da experiência de um gozo auto-erótico ou da experiência de um gozo do Outro. Nos dois casos, há um "eu sou" forte, intenso, há uma convicção, há uma certeza de ser. O sujeito da lesão de órgão é um "eu sou a lesão" e o outro "eu sou o gozo".

É aliás esse o problema com os pacientes que sofrem de uma lesão de órgão e com os pacientes loucos. O que é difícil com o paciente louco é que *ele não lhes demanda, porque ele tem consigo o objeto* — Lacan diz em alguma parte que ele tem o objeto em seu bolso. A partir do momento em que ele tem o objeto no seu bolso, não precisa lhes demandar e é isto que angustia. O que angustia com certos pacientes graves ou com pacientes que têm uma lesão é que eles não lhes chamam, é que vocês não contam para nada — já é muito que vocês estejam aí para escutá-lo. Mas, mesmo se ele lhes fala, ele não se dirige

* Em francês, os verbos ser e estar expressam-se com um único verbo — *être* —, o que permite a ambigüidade da tradução: eu estou onde não penso; eles estão aí. (N.T.)

a vocês e é isto que angustia. Esse objeto que eles possuem neles é o que nós chamamos há pouco a retirada da libido para o Eu, isto é, a *incorporação do objeto*. Incorporar o objeto não significa somente que se tem o objeto, mas também que se incorpora a libido que se investia no Outro, o que quer dizer também que se devorou o Outro. Dizendo de outro modo, quando um paciente tem uma lesão de órgão, não é somente que ele não apele a vocês porque ele tem seu objeto, mas que este objeto é vocês. Quero dizer que *a lesão de órgão não é nada mais que o resultado do objeto incorporado, e este objeto é você*. Eis porque eu dizia outro dia que a hipertensão de minha paciente roubou-me o lugar de analista. Por quanto tempo? Eu não sei. Mas ela mo roubou. Não há mais nada, porque a dominância do objeto não está mais no lugar do analista, está no corpo, inscrita no corpo. Aliás, para as formações de objeto — lesões de órgão, alucinações e passagens ao ato — precisar-se-ia permutar a fórmula $ ◊ *a* para *a* ◊ $, isto é, colocar o *a* no lugar dominante, mesmo se não é de todo dominante já que o losango é equivalente de um lado e de outro.

Portanto, *o sujeito da lesão de órgão não é o sujeito dividido do inconsciente, não é o sujeito que se equivoca* — é aí onde ele se equivoca que surge o sujeito do inconsciente. O sujeito do inconsciente é o efeito da linguagem quando há um erro, quando o sujeito diz sem saber o que diz. O sujeito da fantasia é o sujeito que tornou-se objeto, certo, mas que se esconde sob a sombra do objeto, pois, no caso da fantasia, o objeto tem uma sombra, o imaginário está aí. O sujeito da lesão não é nem o sujeito dividido, nem o sujeito escondido sob a sombra do objeto, mas a própria lesão sem imagem: não há imagem virtual no caso da lesão de órgão. Tomemos o exemplo do distúrbio da visão: se vocês têm um espasmo reacional durável, o sujeito desse olho doente não é o sujeito da fantasia de olhar a cena primitiva, por exemplo, na qual o sujeito se confunde com o olhar. O sujeito da lesão não é o sujeito olhar mas o *sujeito espasmo*. É este o problema: não estamos mais nas espécies habituais dos objetos pulsionais olhar, voz etc. Portanto, à questão "em que estádio você situa a lesão de órgão", eu respondo que a lesão de órgão é situável no auto-erotismo ou no narcisismo primário. Quando eu dizia há pouco que quando se fala de narcisismo, trata-se sempre de narcisismo secundário, é que o narcisismo primário é uma ficção, pois mesmo esta idéia de auto-erotismo é uma ficção. Ora, o narcisismo secundário pode ser pensado igualmente para as neuroses. O paradigma disso é a paranóia, mas isso não impede que observemos o narcisismo secundário no caso da histeria ou da obsessão, porém mais particularmente no caso da histeria em que o Eu é o primeiro objeto sexual, como no caso da paranóia. Sobre este ponto do narcisismo, estamos no mesmo movimento, enquanto que para o resto a coisa muda completamente: há uma retirada libidinal para o Eu no caso da histeria como no caso da paranóia, com a diferença de que no caso da histeria, trata-se da submissão ao significante fálico, é o falo que importa, enquanto que no caso da paranóia, há foraclusão deste falo.

(...)

Utilizei-me do termo pavor, porque é o termo que Freud emprega, mas efetivamente ele também utiliza a palavra "sideração".

(...)

"Além do princípio do prazer" é um texto apaixonante, pois é nele que Freud formula uma teoria da angústia muito particular: diz aí que a angústia é uma paraexcitação, isto é, que ela protege, tempera, prepara, e mesmo nos casos em que tenha havido traumatismo seguido de sonhos traumáticos, pode-se pensar que os sonhos tomam o lugar da angústia. Os sonhos, da mesma forma que a angústia, tentam temperar o trauma sofrido. A angústia é, portanto, um elemento de defesa completamente contrário ao pavor, que é mais um impacto do trauma. Em realidade, ele não resolve a questão de saber se este impacto vem do exterior ou se é um impacto psíquico. O que o caracteriza, em todo caso, é que é um *impacto de pavor que apanha o sujeito sem que ele tenha a mínima preparação possível para o receber*.

Não é, claro, a teoria de Lacan. Ele retém, sobretudo, a teoria da angústia desenvolvida em "Inibição, sintoma e angústia", na qual a angústia é um sinal que apela à fantasia. Haveria três tempos: desejo intolerável do Outro, angústia e fantasia.

(...)

Há um pequeno texto muito antigo de Freud, datado de 1898, em que ele diz que o sujeito pode não se aperceber. Seguramente se está em um nível muito ambíguo, já que se diz, de um lado, que há um pavor e, de outro, que o sujeito dele não se apercebe. Eu gostaria de acrescentar algo — mesmo compreendendo a dificuldade que representa a maneira como apresento as coisas —: afirmo-o mas ressalto que não se deve fazer disso uma realidade, isto é, que é preciso pensar, trabalhar nisso, porém sem tentar representá-lo num palco. Freud aliás o fez todo o tempo: ele fazia a metapsicologia e ao mesmo tempo nos faz sentir em seus escritos que esteve, pelo menos em uma época, na pesquisa de eventos traumáticos. Foi assim, aliás, que chegou à concepção da realidade psíquica, que é para ele a constatação final de que o fato dos acontecimentos traumáticos terem existido ou não, não tem nenhuma importância, pouco importa sejam eles verdadeiros ou falsos.

(...)

É o ponto mais obscuro para todos aqueles que se põem a trabalhar sobre esta questão. Dei uma indicação dizendo que é preciso mudar de orientação: em vez de pensar que há um excesso de libido que escolhe um órgão deve-se pensar na hipertélia*, isto é, a hipertrofia de um órgão que apela à libido. Posso apenas lhes dar esta indicação que está muito ligada com a idéia de considerar o trauma como um pavor orgânico.

Não respondi à hipótese de René Thom, a quem falei de pavor orgânico: dizia ele que os fenômenos da pele — já que ela se constitui no feto ao mesmo tempo que o cérebro (é sua concepção da coisa e é assim que ele trabalha hoje a anorexia mental) — deveriam ser pensados em termos de embriologia, ou seja, em termos de referência à constituição biológica do feto.

(...)

Pode-se falar em hereditariedade, em filiação de órgão, como o fiz da outra vez quando falei da minha paciente sofrendo hipertensão, onde o ponto comum é o espasmo, mas pode-se pensar também em séries complementares. Não estou dando uma versão completa da coisa, o que Freud teria feito: ele teria falado em séries complementares da constituição, da herança genética, e também dos eventos ocasionais e de uma filiação.

(...)

Fazem-me a pergunta de saber como situar a agressividade com relação a este esquema trauma/evento ocasional/lesão. A referência que fiz sobre agressividade é particularmente a de Lacan. Sua tese é de que a cristalização, a fixação desta distância entre o Eu e a imagem, toma a forma de uma agressividade que, por sua vez, se manifesta sob diferentes séries de entidades clínicas tendo a ver com a paranóia, por exemplo. Por trás do ressentimento, ou da perseguição ou do suicídio, ou ainda da passagem ao ato, ou dos medos, dos receios do paranóico,

* Termo médico: presença de mamilos supranumerários. (N.R.)

ele encontra na base a agressividade como sendo o paradigma mesmo da estagnação formal da distância entre o Eu e a imagem. Aliás, neste texto, Lacan propõe pensar que a passagem ao ato resolve o delírio do paranóico. Busca referência na sua tese sobre a paranóia de autopunição: o delírio paranóico, conclui-se, cessa com um ato imotivado, involuntário e explosivo. Portanto, para ele, a agressividade não é somente uma forma, uma das paixões possíveis, mas sim constitui o paradigma mesmo da estagnação formal.

(...)

Gostaria de voltar à ética do problema, à abordagem ética da questão. É um tema extremamente difícil por duas razões: primeiro, porque isso angustia, quando se é analista. Contaram-me, outro dia, o caso de um analista dos mais experimentados e considerados de Paris: uma das suas pacientes lhe declara que lhe diagnosticaram uma tuberculose. O analista diz-lhe que isto lhe parece impossível e a manda para um amigo especialista. Ele confirma a doença. Que faz, então, o analista? Ficou, como teríamos ficado todos, experimentados ou não, muito angustiado; interrompeu, então, a análise, propondo à paciente voltar quando a doença estivesse curada. Ela voltou, sim, mas quase um ano depois. Dou este exemplo porque amplia a questão — é uma doença bastante grave — e porque a angústia é muito manifesta no analista, e é o que nos acontece mesmo quando lidamos com um pequeno problema somático num paciente. É, portanto, uma questão muito difícil porque na prática mesmo é freqüente, e ao mesmo tempo escapa, é da ordem do limite da análise.

Também do ponto de vista teórico, não temos de Freud quase nada. O que aqui dissemos são as únicas coisas que Freud nos dá como pista. Há, como pistas, a questão do narcisismo, questão das neuroses atuais e a questão da paraexcitação, e só. Com Lacan, temos algo a mais: o conceito de objeto pensado como um gozo parcial. Acho que isto pode nos permitir ir mais adiante, porque o conceito de objeto nos dá a idéia de que o corpo não é uma entidade inteira sobre a qual viria abrir-se uma parte deste corpo. O conceito de objeto nos dá a idéia de um corpo que passeia, e este corpo pode ser, ele próprio, a lesão. Eis o ponto de vista geral.

Vejamos agora as coisas de maneira mais precisa, e tomo a questão já colocada e abordada. Levantei uma questão prévia desde o primeiro dia. Salientei, então, que iríamos tratar o assunto apenas no quadro da análise porque, de outra forma, cai-se na concepção da medicina psicossomática, com a qual não temos nada a ver, nem concepção geral a dar. A questão é precisamente esta: primeiro, uma lesão de órgão; assim que ela é falada, entra no campo simbólico, mesmo se o sujeito tem o objeto no seu bolso. De qualquer forma, o simples fato de o analista estar aí e do paciente falar já a faz entrar na dimensão simbólica. Segundo: ela entra na dimensão simbólica porque é contada e, a partir disto, ela é classificada, faz-se elo de uma cadeia. Mas isto não impede que haja algo inanalisável. Ora, não basta dizer que o não analisável é o Real — é uma proposição que eu teria feito antes. Porém, ao trabalhar as formações do objeto, chego a dizer que o Real não é o inanalisável. O inanalisável é uma formação no limite, entre Real e o sujeito. Uma lesão de órgão faz parte da realidade, é realidade, e não Real. Prefiro não fechar a questão dizendo que é Real, e assim deixá-lo como um buraco opaco, mas tentando delimitá-lo, cercar as bordas desta questão.

(...)

Queria dizer uma coisa para terminar: quando vem um paciente com uma lesão de órgão, não tenho o sentimento que você descreve, de me sentir responsável. Cada vez mais eu funciono de outra maneira, escuto de outra forma e tenho o sentimento de que é como se me reduzisse à sua artéria. Quero dizer que esta lesão de órgão é a transferência sob a forma compacta de uma lesão no corpo. É isso que é difícil de teorizar. Não é somente que a transferência tenha dado lugar a isso; é que, quando isso se produz, é a transferência. É assim como entendo que Lacan colocou no lugar dominante do discurso analítico o lugar do objeto. Não é mais o silêncio do analista e sim o silêncio do corpo doente, enfermo. Talvez tenha acontecido algo na transferência para que se chegasse a isso, mas é como se a transferência tivesse mudado o registro.

SEMINÁRIO VIII

27 de junho de 1983

Parece-me importante recapitular o que dissemos até agora a propósito das lesões de órgão. Eu lhes recordo que a problemática da lesão de órgão, dita psicossomática, encontra-se sentida em uma problemática mais geral que tento destrinchar, cercar, que é o que chamo de "formações de objeto *a*". Nosso interesse por esta formação particular é ver se podemos dizer algo mais sobre as formações do objeto *a*.

Eis os dois grandes eixos que penso devem ser retidos a propósito da lesão de órgão: um é definido ao nível do simbólico pela foraclusão, o outro ao nível do imaginário pelo narcisismo. No que concerne à foraclusão, partimos da suposição de que uma lesão de órgão dita psicossomática, no contexto da experiência de análise — insisto, não fazemos da psicossomática medicina —, comporta um mecanismo que seria o da foraclusão do Nome-do-Pai, compreendido como uma foraclusão local, isto é, não excluindo outras realidades no sujeito. Está aí o interesse de ter utilizado, no início do ano, a distinção entre realidade e Real, a qual agora nos é útil para trabalhar o local, o parcial.

Lembro-lhes que, no ano passado, não considerei a foraclusão como a rejeição de um significante do simbólico que reapareceria no Real. Parecera-me mais adequado encará-la sob o ângulo da falta de um significante exterior à cadeia, isto é, exterior à realidade do sujeito. Por quê? Porque, para mim, o simbólico não é somente uma rede de unidades discretas ligadas entre si, mas é necessário também acrescentar-lhes — e este é o ponto chave — um elemento fora da cadeia para permitir ao conjunto sustentar-se. É uma hipótese geral na teoria lacaniana que um conjunto não se sustenta; não consiste, senão com a condição de que um elemento ex-sista. A foraclusão é, portanto, a *falta deste elemento exterior*. Lembro-lhes que, para assim abordar a questão, nos servimos dos axiomas de Peano e do conceito de sucessor, uma vez que se pode considerar este significante exterior à cadeia como sendo o elemento que ocupa o lugar do sucessor: deve-se ver a cadeia em movimento e o elemento exterior como aquele que espera para vir se encadear. Portanto, foraclusão local implica falta deste elemento exterior, falta deste lugar do sucessor.

Tínhamos também abordado a mesma questão sob o ângulo daquilo que Lacan chama o *emassamento do par significante* S_1 / S_2. Se tomamos a cadeia — S_2 — e o significante no exterior da cadeia — S_1 —, estes dois elementos encontram-se então compactados, não se encontram mais divididos, afastados um do outro, há algo como uma solidificação entre um e outro. Coloca-se então uma questão: se o sistema da rede simbólica é rompido, isto é, se há uma falta da presença de um elemento no exterior da cadeia, o que se passa com o sujeito, qual é o lugar, a posição do sujeito na lesão de órgão? Deixo esta questão para o fim.

Uma palavra mais: esta foraclusão do Nome-do-Pai levou-nos a pensar que, no caso de um paciente sofrendo de uma afecção psicossomática, poderíamos concluir que não há filiação do Nome-do-Pai e que, no lugar desta filiação, é possível propor uma filiação de órgão, uma filiação do objeto *a* e nós falamos da *"errância" do objeto dentro de uma mesma descendência*. É daí que nos vem esta fórmula que no momento nos ronda e que não chegamos ainda a trabalhar a nível de nossa experiência clínica: "um deseja e o outro alucina, um deseja e o outro cai enfermo, um deseja e o outro faz uma passagem ao ato". E quando se diz "um e outro" pode-se colocar tanto o analisando e o analista como a mãe e o filho, a mulher e sua sogra etc. Digo sogra porque é dessa forma que isto se apresentou para mim. Retomo-a tal qual se dá na minha experiência. Era o que tínhamos para o campo simbólico.

A segunda dimensão é o imaginário. Na última vez, nós lembramos a tese clássica: a maior parte dos psicanalistas concordam em dizer que a lesão de órgão corresponde a uma satisfação de tipo auto-erótico, isto é, que corresponde a uma certa perturbação da identificação narcísica. Recordo-lhes que "satisfação auto-erótica" significa que o objeto com o qual a pulsão se satisfaz é a própria fonte da pulsão. Por exemplo: a boca é a fonte da pulsão oral — satisfação auto-erótica significaria que a pulsão oral se satisfaz com a própria boca; o olho se satisfazia gozando consigo mesmo. Eu perguntava esta tarde a um matemático que consulto de tempos em tempos se topologicamente pode-se ter uma representação adequada de uma boca que beija a si própria. Falando-lhe disso ocorreu-me — e creio que isto é algo para ser trabalhado — que se poderia pensar a embriologia, isto é, se perguntar qual tipo de dinâmica e de topologia na embriologia poderia permitir pensar essa questão de uma boca que se beija. Que fique claro: no embrião não há uma boca já constituída, mas sei através de textos sobre a relação entre a topologia e a embriologia que deve haver, sim, fenômenos semelhantes àqueles dos quais tento dar uma imagem ou um suporte intuitivo. Não volto ao que dissemos na última vez sobre a maneira de situar o auto-erotismo, mas gostaria, esta noite, de colocar a questão seguinte, que é, afinal, justamente aquela que corresponderia a este último encontro do ano: que relação existe entre o mecanismo da foraclusão e o auto-erotismo, sabendo que se trata de duas dimensões completamente heterogêneas?

Ainda uma palavra sobre o auto-erotismo, pois esta expressão necessita de uma observação. Poder-se-ia dizer que toda satisfação é uma satisfação onde o outro não intervém. Explico-me: ou definimos o auto-erotismo como fiz há pouco — o objeto e a fonte da pulsão são uma mesma coisa — ou o definimos como sendo uma satisfação que exclui o outro. Se tomo este segundo aspecto, torna-se muito problemático, uma vez que toda satisfação do desejo é uma satisfação parcial, substitutiva, local e evidentemente auto-erótica: um sintoma implica uma satisfação auto-erótica. Por quê? Porque, na concepção de Freud, "alo-erótico" comporta o objeto — o outro — e "auto-erótico" implica a ruptura de objeto, a separação do outro. Mas, com Lacan, no lugar do semelhante, colocamos um espelho, uma imagem, e a questão do outro torna-se então um enigma, uma incógnita, chamada objeto: o objeto *a* é a incógnita de quem é o outro. É para lhes dizer que não é tão simples distinguir uma satisfação auto-erótica de uma satisfação alo-erótica.

Para responder a essa relação entre foraclusão e narcisismo, isto é, entre foraclusão e auto-erotismo, eu gostaria de ler duas citações de Freud. Ambas encontram-se em *O nascimento da psicanálise**, uma na página 101, a outra na página 270. A primeira marca uma coisa interessante que eu não tinha visto: a foraclusão, mecanismo eminentemente simbólico — embora se trate da falta deste significante exterior, eu poderia dizer que é um mecanismo no domínio do simbólico — comporta a mesma energia, a mesma força, a mesma tenacidade, diz Freud, que o amor pelo delírio. Quer dizer, um paranóico emprega tanta força para rejeitar — no sentido de foraclusão — a representação inconciliável quanto para se agarrar narcisicamente a seu delírio. O problema da tenacidade fica aí como uma questão a trabalhar.

* No original *La naissance de la psychanalyse*. Título da edição francesa que corresponde aproximadamente ao volume I da Edição Standard Brasileira. (N.R.)

Em todos estes casos, a tenacidade com a qual o sujeito se prende à sua idéia delirante é igual àquela que ele desenvolve para expulsar de seu Eu qualquer outra idéia intolerável. Estes enfermos *amam seu delírio como amam a si mesmos*. Eis aí todo o segredo.

Portanto, a primeira relação, uma relação da tenacidade na foraclusão e de tenacidade no apego narcísico, que vejo claramente em termos de estagnação formal do Eu; recordem-se de que é uma expressão de Lacan para definir a agressividade, expressão da qual nos servimos para dizer que a lesão de órgão é uma variante desta estagnação formal, da relação do Eu à sua imagem, isto é, uma estagnação da libido.

A segunda citação é mais precisa e coloca dois tipos de problemas; o problema do sujeito e o do gozo. Trata-se de uma carta a Fliess de 9 de dezembro de 1899:

> "Entre as camadas sexuais, a mais profunda é a do auto-erotismo, que não tem *nenhuma meta psicossexual* e não exige mais que uma sensação capaz de satisfazê-lo localmente (...) A histeria (como também a neurose obsessiva) é alo-erótica e manifesta-se principalmente por uma identificação à pessoa amada. A paranóia * [que nos interessa pela relação que tentamos elucidar, entre foraclusão, auto-erotismo e narcisismo] torna a desfazer as identificações, restaura as pessoas amadas na infância (...) e ainda o eu em várias pessoas estranhas. Eis porque eu fui levado a considerar a paranóia como o impulso de uma corrente auto-erótica, como um retorno à situação de outrora. [Este é bem o sentido que queremos dizer. Há em seguida uma frase muito bonita, que não compreendo... Deixo-a para que vocês trabalhem-na durante as férias!] A formação perversa correspondente seria o que se denomina a loucura original. As relações particulares do auto-erotismo com o "eu" primitivo esclareceriam bem o caráter desta neurose. É aqui que o fio se rompe de novo."

Eis, portanto, o modo como Freud trata estes dois eixos: foraclusão de um lado e auto-erotismo de outro. Se eu falo de paranóia, é porque penso que deve haver aí uma relação semelhante para a lesão de órgão — semelhante, não idêntica. Há justamente uma diferença concernente à posição do sujeito.

Retomemos agora, ao nível simbólico, a foraclusão. Vocês se lembram que, para estudá-la, nós utilizamos o esquema R: (Gráfico 1).

* Trechos entre colchetes são comentários intercalados por J.-D. Nasio. (N.T.)

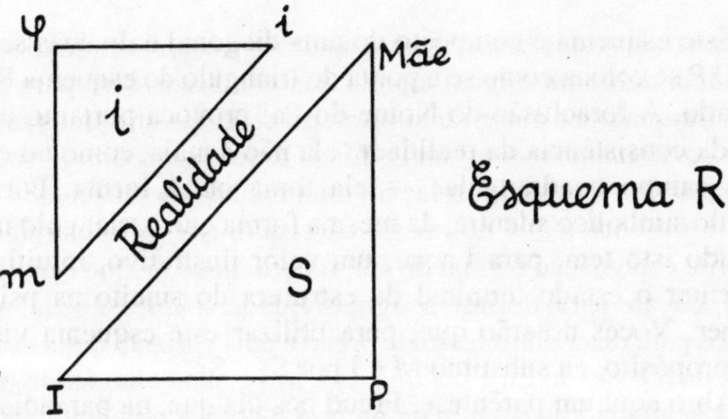

Gráfico 1

Ele compreende um triângulo imaginário limitado pelo falo, a imagem e o Eu, e um triângulo simbólico limitado pelo Nome-do-Pai, o Ideal do Eu e M que poderia ser a Mãe. Mas é preciso compreender que, do ponto de vista do simbólico, ela é considerada como um significante que Lacan denomina primordial. Entre os dois triângulos encontra-se a banda da realidade que é uma constante ida e volta, uma constituição constante entre o Eu e sua imagem — esta realidade é delimitada por quatro pontos: o Eu, a imagem, a Mãe e o Ideal do Eu. Havíamos feito durante os dois primeiros seminários a aproximação topológica que implica esta banda, e tínhamos visto que é uma banda de Moebius — não retorno mais a isso.

A foraclusão do Nome-do-Pai concerne a P. Tomarei o esquema I de Lacan com modificações feitas por mim, pensando no nosso problema da enfermidade psicossomática. Este esquema, ele o elaborou ao se ocupar da paranóia de Schreber (Gráfico 2).

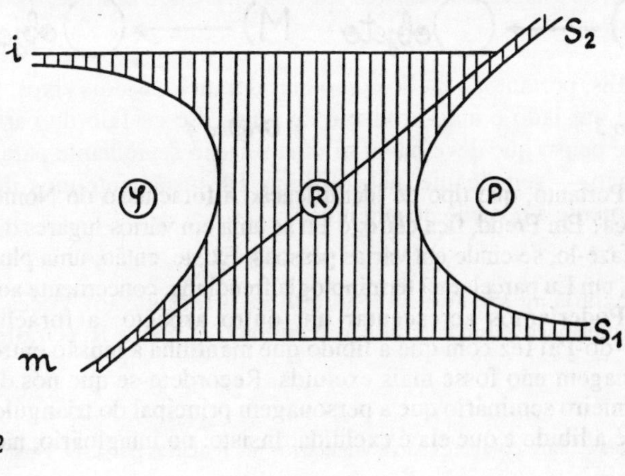

Gráfico 2

Este esquema é composto de uma diagonal e de duas semiparalelas. O P se coloca como se a ponta do triângulo do esquema R tivesse adentrado. A foraclusão do Nome-do-Pai provoca portanto uma mudança da consistência da realidade: ela não é mais, como no esquema R, um campo quadrangular — ela toma outra forma. Portanto, o triângulo simbólico adentra, da mesma forma que o triângulo imaginário. Tudo isto tem, para Lacan, um valor ilustrativo, intuitivo, para representar o estado terminal da estrutura do sujeito na psicose de Schreber. Vocês notarão que, para utilizar este esquema visando o nosso propósito, eu substituo M e I por S_2 e S_1.

Abro aqui um parêntese. Freud nos diz que, na paranóia, ocorre uma perturbação da identificação do sujeito, do Eu: ele se cinde em várias pessoas e, eu acrescentaria, no sentido de Freud, que estas pessoas correspondem à uma espécie de satisfação auto-erótica. Não se trata mais de dizer que há o Eu e o objeto sexual, não se trata mais de dizer que, depois de ter amado o objeto, a libido retorna ao Eu, tese que defenderá em 1911, justamente a propósito de Schreber. Trata-se agora, no retorno da libido, de um Eu parcelar, como se houvesse vários Eus: ele diz que o Eu se cinde em várias pessoas, há um estilhaçamento em várias pessoas; em nossos termos, eu diria que ocorre um estilhaçamento do sujeito (Gráficos 3 e 4).

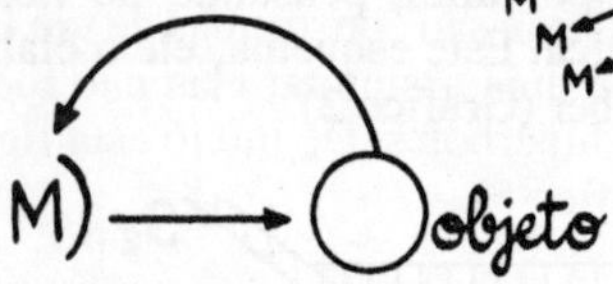

Gráfico 3

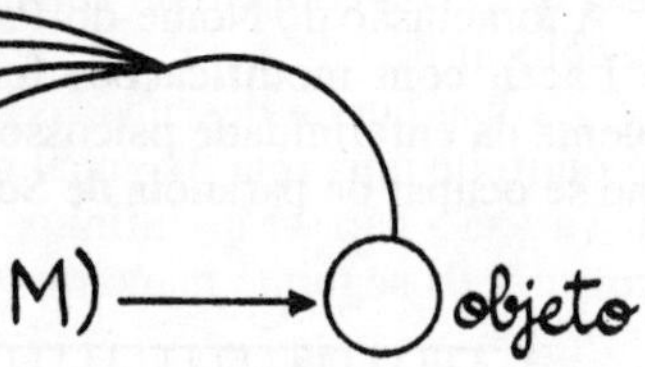

Gráfico 4

Portanto, que tipo de identificação a foraclusão do Nome-do-Pai provoca? Em Freud, fica claro: o Eu se ama em vários lugares diferentes e, ao fazê-lo, se cinde em várias pessoas. Existe, então, uma pluralidade do Eu, um Eu parcelar na terminologia freudiana, concernente ao sujeito.

Poderíamos acrescentar um outro aspecto: a foraclusão do Nome-do-Pai fez com que a libido que mantinha a tensão entre o Eu e sua imagem não fosse mais excluída. Recordem-se que nós dizíamos no primeiro seminário que a personagem principal do triângulo imaginário é a libido e que ela é excluída. Insisto: no imaginário, não é nem o Eu nem a imagem que são importantes, mas o que sustenta a relação do Eu à imagem, isto é, a libido enquanto excluída. Ora, no caso da foraclusão se poderia pensar que esta libido não é excluída, é mais que nunca presente, ela absorve o Eu e a imagem.

(...)

Eu teria muita dificuldade de explicar as razões pelas quais substituí M e I por S_2 e S_1. Primeiramente, quando pensávamos na idéia do emassamento do significante exterior e da cadeia, dizíamos: emassamento S_1/S_2. Ora, trabalhando o esquema I, veio-me a idéia de substituir a Mãe pelo significante S_2; porém, já o fato de chamar a Mãe significante primordial é um problema — eu não sei de onde Lacan tira esta expressão de "significante primordial", no que me concerne, não compreendo muito bem. Por outro lado, compreendo muito bem que I seja posto aí: I, Ideal do Eu, é uma das variantes do traço unário e é próprio do traço unário que ele seja um, isto é o que mantém o caráter unário do elemento que está sempre no exterior. Se quiserem, uma das variantes do elemento que está no exterior da cadeia é o traço unário — dizer traço unário, dizer Ideal do Eu, dizer o Um ou dizer S_2, são diferentes modos de nomear um mesmo elemento segundo diferentes ângulos, diferentes avenidas conceituais com as quais nós o abordamos. Portanto, como o Ideal do Eu tem, por natureza, um lugar do Um, pensei que seria compatível com S_1. E depois restou-me o outro lugar para colocar S_2.

As duas curvas desenhadas por Lacan são construídas de um lado e de outro de uma reta diagonal que é uma assíntota; elas não tocam nunca a reta a não ser no infinito: são hipérboles. De início esta figura se constrói da seguinte maneira: (Gráfico 5).

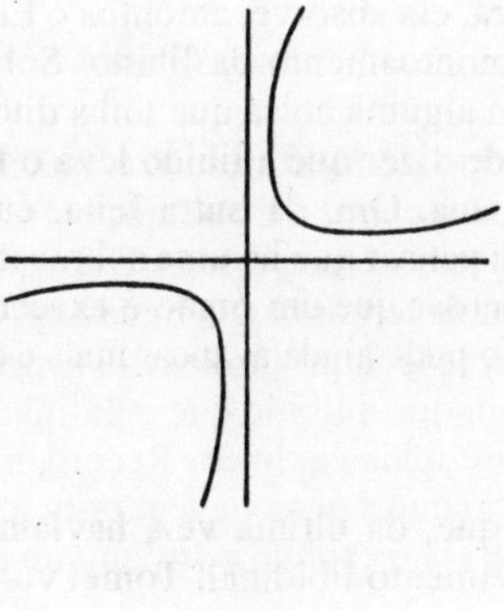

Gráfico 5

Lacan, a partir desta figura, deslocou a abcissa de um lado e do outro da ordenada. O que é importante é que Lacan, utilizando o esquema I para Schreber, utilizando esta curva e este deslocamento da assíntota horizontal, tinha a intenção de mostrar que se trata de uma curva que não atinge nunca, salvo num ponto no infinito, a assíntota horizontal ou a assíntota vertical. Ora, Lacan por aí procura dizer que existe uma relação do Eu Schreberiano com o Deus Divino e que a realidade é reduzida à esta franja que liga o Deus Divino ao Eu Schreberiano. Isto não pode me servir para esta noite, isto é, eu não procuro particularmente dizer que S_2 está constantemente afastado de S_1. Ao contrário, eu procuro dizer que há uma foraclusão e que há, apesar de tudo, uma espécie de consistência nova de S_2 com S_1. Quero dizer com isso que há como que uma redução da realidade na lesão de órgão. Assim, a franja da realidade não é mais para ser pensada como a relação entre o Eu delirante e o Deus Divino em Schreber, mas como a realidade própria à lesão na qual a foraclusão implica na predominância da libido.

Resumo, para que as coisas não fiquem dispersas. Esta noite eu queria adiantar que a problemática da lesão de órgão implica duas novas problemáticas diferentes: uma, ao nível do simbólico; outra ao nível do imaginário. A que se refere ao simbólico é uma foraclusão do Nome-do-Pai, ou bem uma solidificação, um emassamento dos dois significantes S_1 e S_2 e todas as conseqüências que isto implica, com respeito ao sujeito. Ainda não fiz menção ao sujeito, mas falaremos dele eventualmente, depois. Este emassamento dos dois significantes é devido à foraclusão do Nome-do-Pai. A segunda dimensão, dimensão imaginária, é para ser compreendida como fenômeno de auto-erotismo, isto é, a libido que retorna sobre o Eu, mas de uma maneira parcelar e plural — secundariamente uma exacerbação da libido que faz com que ela não seja mais excluída, mas que, pelo contrário, absorva o Eu e a imagem. Em lugar de ser excluída como no triângulo imaginário, a libido toma a dianteira, ela absorve, amontoa o Eu e a imagem. A lesão seria portanto um amontoamento da libido. Sobre este ponto, existe uma contradição com alguma coisa que tinha dito há alguns encontros passados: esta idéia de dizer que a libido leva o Eu e a imagem é uma posição muito freudiana. Ora, da outra feita, eu tinha proposto algo diferente: no lugar de pensar que há uma sobrecarga libidinal sobre um órgão, por que não pensar que um órgão é exacerbado e atrai a libido? Parei neste ponto. Não pude ainda avançar mais e deixo aí a questão.

(...)

Vocês se recordam que, da última vez, havíamos situado os quatro tempos do desenvolvimento libidinal. Tomei voluntariamente o vocabulário freudiano — nesta citação de 1899, Freud diz que a paranóia torna a desfazer completamente as identificações e que a libido retorna de tal modo que o Eu se prende a uma pluralidade de pessoas conhecidas na infância, o que faz com que o Eu se cinda em várias pessoas (Gráfico 6).

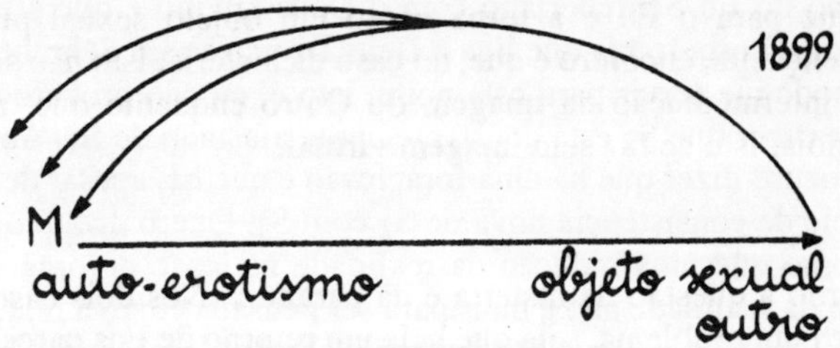

Gráfico 6

Notemos que para Freud, o objeto é sempre sexual e que é sempre o outro. É verdade que ele não tem a mesma posição para a paranóia quando se trata de Schreber em 1911. Nessa época ele diz que o Eu separa a libido do objeto sexual e a traz de novo para si — nesse momento, todo o Eu é um objeto sexual. Podemos aí de preferência falar de narcisismo secundário (Gráfico 7).

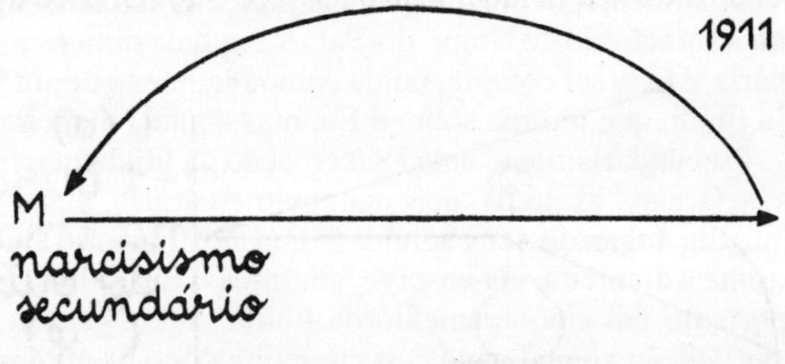

Gráfico 7

(...)

Duas observações. Primeiramente, persisto em dizer que na época da qual você fala — não sei se é no texto sobre Schreber ou se em outro — Freud diz que a libido se retrai para o Eu e o toma como um objeto sexual. Então, o Eu torna-se o primeiro objeto sexual na psicose, na paranóia. Não é a mesma coisa que a referência do texto de 1911 que você evoca e não é a mesma coisa que na citação que dei há pouco. Existe portanto uma diferença na concepção de Freud da retração da libido para o Eu na paranóia. Por nosso interesse pela lesão do órgão, prefiro ficar com a idéia de que há uma retração da libido para Eus parcelares. Pois penso que a lesão de órgão é uma retração para um Eu parcelar, ora, isto corresponde bem à idéia de Freud do Eu como corporal, Eu-corpo-próprio.

Porém, agora há a questão da histérica: que diferença há entre a neurose histérica e a paranóia, desde que nos dois casos a libido se conduz para o Eu e a torna como um objeto sexual primeiro? A diferença que encontro é que, no caso da histeria, isto não se faz senão pela intermediação da imagem do Outro enquanto que, no caso da paranóia, isto se faz sem imagem virtual.

(...)

Retorno à questão da histeria e da paranóia. Nos dois casos o objeto coloca um problema, seja que haja um retorno de Eus parcelares ou de um Eu único objeto sexual. É aí que Lacan põe um espelho: em lugar do outro há um espelho. Não se trata do espelho do estádio do espelho, não se trata de espelho plano. Esta relação que é simples em Freud, Lacan a complica pondo dois espelhos: o espelho côncavo e o espelho plano, e estabelece então o esquema ótico, no qual o traçado da reflexão do raio luminoso forma um movimento em Z. O outro para Lacan é figurado por i'(a). Ora, este i'(a), isto é, a imagem virtual refletida no espelho plano, deve se completar de um buraco na imagem do outro, este buraco sendo a libido que não aparece (-φ) (Gráfico 8).

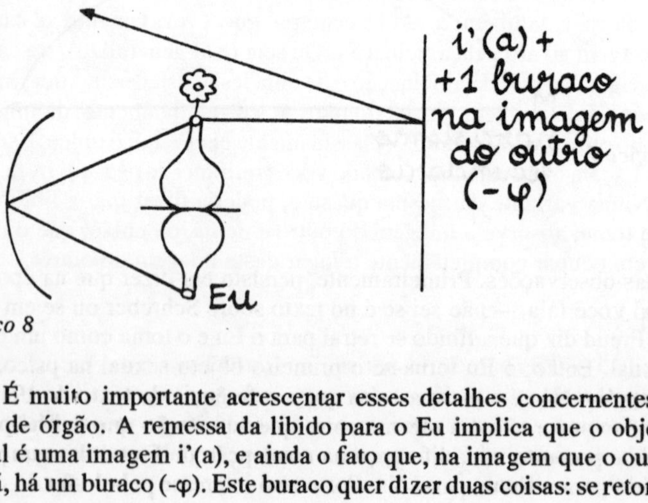

Gráfico 8

É muito importante acrescentar esses detalhes concernentes à lesão de órgão. A remessa da libido para o Eu implica que o objeto sexual é uma imagem i'(a), e ainda o fato que, na imagem que o outro me dá, há um buraco (-φ). Este buraco quer dizer duas coisas: se retorno a expressão de Abraham "ama-se o outro à exclusão dos genitais ou os genitais à exclusão do outro", de todos os modos há uma separação na imagem do outro, seja a mais, ou seja com um buraco na imagem. Este buraco (-φ) ou (+φ) na imagem do outro corresponde ao que Lacan chama o "agalma", que não é o objeto *a*, mas a versão imaginária do falo na imagem do outro. É muito importante para a histérica: ela vê sem ver; ela olha o outro, mas são os genitais que ela olha; ela vê os genitais, mas é o outro que ela olha. Há sempre um contraste entre a imagem do outro e φ.

Seguindo esta hipótese, direi que, na paranóia, a imagem i'(a) e -φ, são todos dois abolidos, absorvidos. Ou seja, o outro não conta mais, a imagem do outro não é mais um elemento intermediário na relação libidinal do Eu com ele mesmo. Na histérica, o Eu se ama mediante a imagem do outro; na paranóia, o Eu ama sem a intermediação da imagem do outro e de -φ — é isto que eu chamava absorção da libido. É que penso que esta absorção, esta desaparição da imagem do outro com o buraco de -φ, é devida ao fato de que o outro não conta mais como imagem, que o outro é completamente levado pela relação libidinal exacerbada do Eu consigo mesmo. Eis o que queria dizer colocando no esquema o -φ como adentrado. Dizendo de outro modo, no esquema R, o -φ está excluído; na extremidade do triângulo imaginário, ele está presente, porém excluído; este é o suporte da relação do Eu com I; mas ele está excluído.

No caso da paranóia e, penso, na lesão de órgão, -φ não é excluído, ao contrário, ele está em primeiro plano e absorve a imagem do outro e também *a*. Acrescentaria que é exatamente o caso da passagem ao ato e da alucinação. Ou seja (e aí generalizo), no caso da passagem ao ato, da alucinação e de uma lesão psicossomática, há uma ausência da imagem virtual do outro e, correlativamente, da impotência do outro, -φ. Com efeito, classicamente em Freud, o objeto é sexual; em Lacan, é um espelho. Quando vocês retiram i'(a) + (-φ), resta então *a*. Numa variante da mesma questão, poderia dizer que a libido é tal que toma, absorve a imagem do outro e de -φ, ou então, que o objeto *a* vem ocupar completamente o lugar desta imagem do outro.

(...)

Traduzi os Eus parcelares por sujeitos parcelares. Com efeito, retorno à hipótese do sujeito do inconsciente — é o ponto por onde certamente nós recomeçaremos da próxima vez. O sujeito do inconsciente é um sujeito barrado entre um significante que o representa e os outros nos quais ele se dissolve.

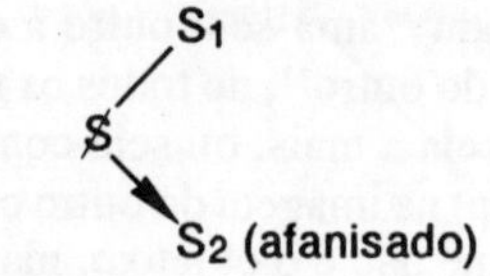

Existe um outro estado do sujeito: ele é ainda dividido, porém ligado ao objeto — é o caso da fantasia. No primeiro caso, o sujeito dividido é afanisado, isto é, desaparecido sob a cadeia S_2. No segundo caso, o sujeito é identificado ao objeto, apagado atrás do objeto.

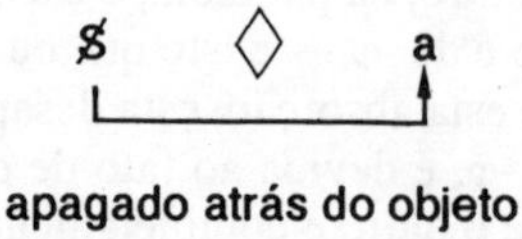

Haveria um terceiro estado do sujeito, no qual ele é cerceado. Penso, mas é preciso continuar a trabalhá-lo, que este estado do sujeito é próprio da alucinação, da passagem ao ato e da lesão de órgão.

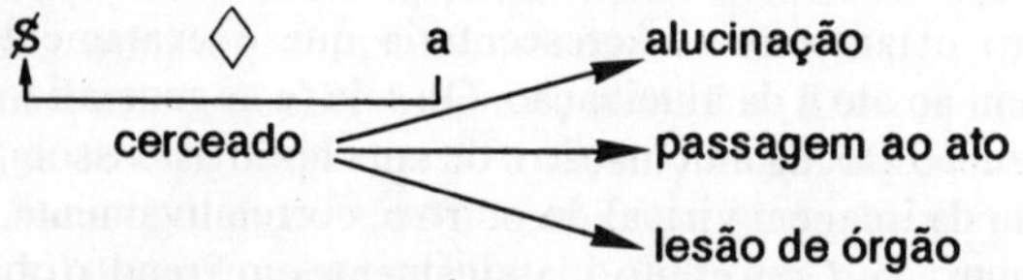

Quando falamos do retorno da libido para o Eu de uma maneira plural, penso sobretudo neste estado de sujeito cerceado.*

Explico-me. Se há foraclusão, ou se há emassamento de S_1 e S_2, isto é, se o sujeito não é mais dividido entre S_1 e S_2, temos duas possibilidades:

* No original *retranché*. Termo com o qual Lacan designava inicialmente a foraclusão. (N.R.)

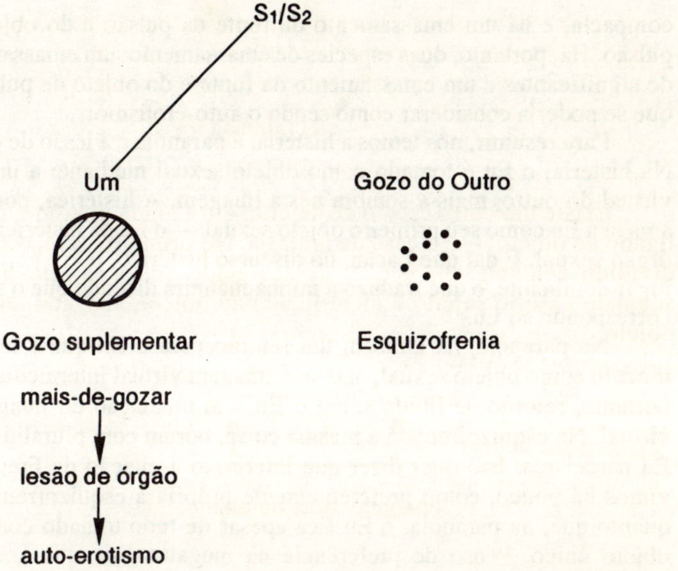

Ou seja, um lugar compacto, S_1, emassa S_2, isto é, o que domina é o Um ou, ao inverso, é S_2 que domina, temos um estado plural, desgarrado da cadeia significante, pois não há S_1 para sustentar o conjunto, dar-lhe consistência. Podemos portanto compreender o emassamento de S_1 e S_2 de dois modos, ou seja, sob a primazia do Um, e trata-se de um lugar compacto, ou sob a primazia de S_2, e trata-se de uma pluralidade de significantes. Vocês vêem logo que este estado de disseminação, de dispersão de significantes corresponderia à uma cisão do Eu em vários Eu parcelares e, do ponto de vista do Gozo, eu diria que isto corresponderia ao gozo do Outro — o caso típico seria a esquizofrenia. Enquanto na variante (da mesma questão) do Um compacto, o gozo poderia ser pensado não como do Outro, não mais fálico, pois penso que o gozo fálico, deve-se compreender como estando regulado pelo significante fálico. Ora, neste caso, nos deparamos com uma foraclusão do Nome-do-Pai e por conseqüência, com uma foraclusão da significação fálica. Nos encontramos aqui, portanto, diante de um gozo de tipo suplementar, da ordem do mais-de-gozar, isto é, da ordem do objeto. Seria de preferência, portanto, da ordem da lesão de órgão. Resumindo, existe no domínio simbólico um emassamento de um significante exterior com cadeia — há, portanto, alguma coisa compacta, e há um emassamento da fonte da pulsão e do objeto da pulsão. Há, portanto, duas espécies de emassamento: um emassamento de significantes e um emassamento da fonte e do objeto de pulsão, o que se poderia considerar como sendo o auto-erotismo.

Para resumir, nós temos a histeria, a paranóia e a lesão de órgão. Na histeria, o Eu é tomado como objeto sexual mediante a imagem virtual do outro, mais a sombra nesta imagem. A histérica, portanto, ama seu Eu como seu primeiro objeto sexual — o Eu da histérica é seu órgão sexual. É daí que Lacan, no discurso histérico, põe o sujeito no lugar dominante, o que traduzo à minha maneira dizendo que o sujeito corresponde ao Eu.

Na paranóia, há também um retorno para o Eu que é também tomado como objeto sexual, mas sem imagem virtual intermediária — portanto, retorno de libido sobre o Eu sem mediação do imaginário virtual. Na esquizofrenia é a mesma coisa, porém com pluralidade de Eu parcelares. Isto quer dizer que interpreto a citação de Freud que vimos há pouco, como preferentemente própria à esquizofrenia, enquanto que, na paranóia, o Eu fica apesar de tudo tomado como um objeto único. Penso de preferência na megalomania que era, para Freud, o amor do objeto como amor do Eu.

Enfim, a lesão de órgão, onde o retorno se faz para um Eu compacto, e também sem imagem e sem -φ. A diferença com a paranóia é que o retorno não se faz sobre todo o Eu, mas sobre um só Eu parcelar, sobre uma parte do Eu, mas a um nível compacto (Gráfico 9).

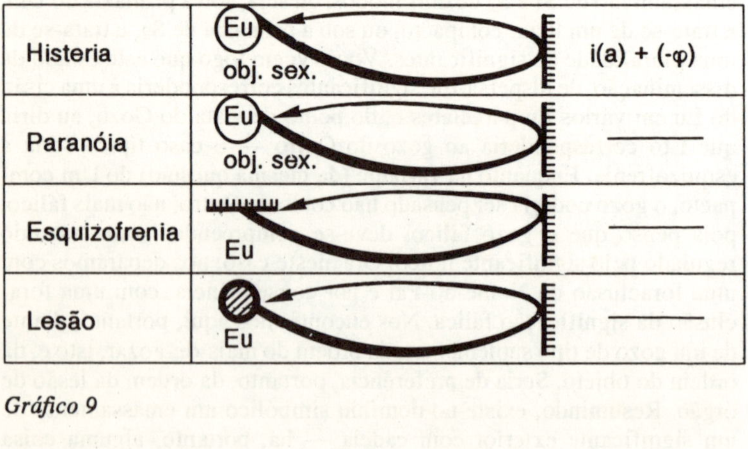

Gráfico 9

Vocês vêem que nos servimos preferencialmente de Freud. Fica para o próximo ano ver isto em Lacan, utilizando o Cogito cartesiano. Existe uma teoria do *cogito*, em Lacan, que nos será muito útil para delimitar a compreensão da lesão de órgão, a posição do sujeito na lesão de órgão. Resta uma outra questão geral a ser trabalhada, que é o retorno do objeto. Finalmente, o que fizemos foi aplicar a tese geral, segundo a qual a lesão de órgão é uma forma de retorno do objeto *a*.

(...)

Tratar-se-ia de compreender que o objeto *a* não se constitui senão como conseqüência de um certo tratamento do Isso. Esta noite tentei resumir perguntando-me que relação existe entre a foraclusão do Nome-do-Pai, ou o emassamento dos significantes e o emassamento da fonte com o objeto — um no registro do simbólico, o outro no registro do imaginário. A questão que poderíamos colocar em uma perspectiva diferente seria a seguinte: que relação existe entre a foraclusão do Nome-do-Pai e o Isso? Não mais falar em termos de auto-erotismo em Freud, mas falar da definição do Isso, não compreendido de um ponto de vista freudiano, isto é, como um saco, um receptáculo, um reservatório de pulsões, mas considerado de outra forma pela teoria de Lacan. Se vocês quiserem realmente, nós retomaremos o assunto no próximo ano.

Livros que integram a coleção Transmissão da Psicanálise

1 A exceção feminina, *Gérard Pommier*
2 Gradiva, *Wilhelm Jensen*
3 Lacan, *Bertrand Ogilvie*
4 A criança magnífica da psicanálise, *J.-D. Nasio*
5 Fantasia originária, fantasias das origens, origens da fantasia, *Jean Laplanche e J.-B. Pontalis*
6 Inconsciente freudiano e transmissão da psicanálise, *Alain Didier-Weill*
7 Sexo e discurso em Freud e Lacan, *Marco Antonio Coutinho Jorge*
8 O umbigo do sonho, *Laurence Bataille*
9 Psicossomática na clínica lacaniana, *Jean Guir*
10 Nobodaddy – a histeria no século, *Catherine Millot*
11 Lições sobre os 7 conceitos cruciais da psicanálise, *J.-D. Nasio*
12 Da paixão do ser à "loucura" do saber, *Maud Mannoni*
13 Psicanálise e medicina, *Pierre Benoît*
14 A topologia de Jacques Lacan, *Jeanne Granon-Lafont*
15 A psicose, *Alphonse de Waelhens*
16 O desenlace de uma análise, *Gérard Pommier*
17 O coração e a razão, *Léon Chertok e Isabelle Stengers*
18 O mais sublime dos histéricos, *Slavoj Zizek*
19 Para que serve uma análise?, *Jean-Jacques Moscovitz*
20 Introdução à obra de Françoise Dolto, *Michel H. Ledoux*
21 O conceito de renegação em Freud, *André Bourguignon*
22 Repressão e subversão em psicossomática, *Christophe Dejours*
23 O pai e sua função em psicanálise, *Joël Dor*
24 A histeria, *J.-D. Nasio*
25 Hölderlin e a questão do pai, *Jean Laplanche*
26 Eles não sabem o que fazem, *Slavoj Zizek*
27 A ordem sexual, *Gérard Pommier*
28 A neurose infantil da psicanálise, *Gérard Pommier*
29 Pulsão e inconsciente, *Noga Wine*
30 Cinco lições sobre a teoria de Jacques Lacan, *J.-D. Nasio*
31 Psicossomática, *J.-D. Nasio*
32 Fim de uma análise, finalidade da psicanálise, *Alain Didier-Weill*
33 Freud e a mulher, *Paul-Laurent Assoun*

34 Conversas com o Homem dos Lobos, *Karin Obholzer*
35 Eros e verdade, *John Rajchman*
36 Leitura das perversões, *Georges Lanteri-Laura*
37 O olhar em psicanálise, *J.-D. Nasio*
38 Amor, ódio, separação, *Maud Mannoni*
39 O nomeável e o inominável, *Maud Mannoni*
40 O real e o sexual, *Claude Conté*
41 Introdução às obras de Freud, Ferenczi, Groddeck, Klein, Winnicott, Dolto, Lacan, *J.-D. Nasio*
42 Metapsicologia freudiana, *Paul-Laurent Assoun*
43 A obra clara, *Jean-Claude Milner*
44 O gozo do trágico, *Patrick Guyomard*
45 O estranho gozo do próximo, *Philippe Julien*
46 Do bom uso erótico da cólera, *Gérard Pommier*
47 As origens femininas da sexualidade, *Jacques André*
48 A ética da diferença, *Doris Rinaldi*
49 O tempo na psicanálise, *Sylvie Le Poulichet*
50 O sono dogmático de Freud, *Pierre Raikovic*
51 Sujeito e singularidade, *Olandina M.C. de Assis Pacheco*
52 Freud e a sexualidade, *Jean Laplanche*
53 O livro do amor e da dor, *Juan-David Nasio*
54 A alucinação e outros estudos lacanianos, *Juan-David Nasio*
55 Os Três Tempos da Lei, *Alain Didier-Weill*
56 Freud/Fliess, *Erik Porge*
57 Pulsão e linguagem, *Ana Maria Rudge*
58 Elas não sabem o que dizem, *Maud Mannoni*
59 O prazer de ler Freud, *Juan-David Nasio*
60 Como trabalha um psicanalista?, *Juan-David Nasio*
61 Linguagem e psicanálise, lingüística e inconsciente, *Michel Arrivé*
62 A força do desejo, *Guy Rosolato*

IMPRESSÃO E ACABAMENTO

HAMBURG
DONNELLEY
GRÁFICA EDITORA

Rua Epiacaba, 90 Vila Arapuá
04257-170 São Paulo SP
Tel (011) 6946 0233
Fax (011) 6948 1555
hamburg@uol.com.br

FOTOLITOS FORNECIDOS PELO EDITOR